Broschur 86
Gabriele Wohmann – **Streit**

GABRIELE WOHMANN
STREIT
Erzählungen
Originaloffsetlithographien von
Kirsten Hammerström

Verlag Eremiten-Presse

SO WAS VON WARTEREI

Natürlich bin ich früher da. Wenn ich's recht bedenke, war es Blödsinn: Strandhotel statt Dünen, vorsichtig zugemessener Schnaps in den unangenehmen flachen Gläschen anstelle eines vernünftigen Fläschchens, von dem ich mehr hätte. Doch jetzt sitze ich hier am Tête-à-tête-Tisch mit konzilianter Resopalplatte.
Für Zudringliche bin ich kein passendes Objekt. Drei Schnäpse haben mir die Poren geöffnet. Der nachmittägliche Eifer tortenbeflissener Urlauber umschmatzt mich. Zum Glück hab ich noch einen Fensterplatz erwischt.
Draußen zerfetzt der näßliche Wind blasse Farben. Er zerrt die Halme auf den Kuppen der Dünenpolster. In den Senken ist es ruhig, die ausgeblichenen Ähren bewegen sich kaum, ich kann mir einbilden, das harte Wispern zu hören, mit dem sie sich aneinander reiben. Die violetten Blüten des Strandflieders kreiseln auf ihren unzuverlässigen Stengeln. Hinter den Dünen hört alles Bekannte und Sichere auf. Zornig verspritzt das Meer ein weißliches Hellblau — nie wird man diesen Übergang vom Land zum Wasser verstehen können und niemals wird er als ungefährlich und erwartet erscheinen, immer bleibt er fatal.
Die drei Männer der Kapelle schlurren aufs Podium,

mürrisch besetzen sie ihre Plätze; anmaßend und gnädig. „Roter Flieder, für eine Dame im Mai..." Der picklige Ober-Jüngling bringt mir meinen Schnaps Nummer vier; dort an der Bartheke werden sie immer kurzsichtiger und geldgieriger: aber das macht ihnen keinen Eindruck, wenn ich das Glas hochhalte und die rote Eichlinie mit der Schnapsgrenze vergleiche.
— Bittesehr!
Das drückt Verachtung aus. Wenn ich's gut mit mir meine: Neugier. Aber er verabscheut Frauen, die trinken. Nach vier Schnäpsen ist sein Urteil über mich fertig. In der Drehtür erscheint etwas von der Sorte, die er mag: blond, weich, aufgetakeltes siebzehnjähriges weibliches Geschlecht. Er steht noch neben mir, ich fasse die gelbe Kuppel eines Kinnpickels ins Auge, sage:
— Hoffentlich kann ich den Platz da noch freihalten.
Wahrscheinlich hat er mich überhaupt nicht verstanden.
„...eine Dame im Mai / oder auch zwei / schließlich und endlich / ist's einerlei..."
— Was macht man mit Männern, die zu spät kommen?
Die Kapellenmänner haben die Badehosenwänste in hellgrauer Gentlemenuniform versteckt. Den einen hab ich gern — abends hör ich ihn gern am Baß zupfen, abends wenn übers Podium rotes Licht zuckt und wenn er einen gottverdammten Sombrero aufhat und wenn ich meine Knochen spüre. Nachmittags kann ich ihn nicht leiden, in den Schlieren fetten Kaffeedampfs und sacht kreiselnder Qualmfäden von Filterzigaretten.
Es wird immer voller. Am Nachbartisch stöhnt sich ein umfangreicher Vater in den winzigen Sessel, seine

Töchter lassen blonde Haarbündel um die Gesichter fliegen. Sie respektieren mit fröhlicher Mißbilligung den Vater, der bullenhaft zu mir herüberstarrt. Mir ist es peinlich, wegen der Töchter. Ich winke dem rötlichen Klecks zwischen Oberjacke und steifer gelber Haartolle, lasse mir Nummer fünf bringen. Es riecht nach Sonnenöl und nackten Zehen und feuchtem Stoff. Satt und doch gierig sitzen sie hinter den bunten Tortenstücken. Der Kaffeedampf schließt ihre Gesichter auf. Ihre Friedfertigkeit überzeugt mich nicht.
Beim Genuß von Nummer sechs fühle ich mich ziemlich verlassen; ich würde ganz gern laut reden oder jemanden trösten. Aber mein Alleinsein ist beschlossene Sache; das alles ist nicht mehr für mich bestimmt: Kuchen, Schlager, zappelnde Kinder, tüchtige Mütter. Womöglich würden sie alle die Lippen öffnen und aus sahnegeschlemmten Kehlen in die Universalhymne einstimmen, die vom Podium herunterpfeift.
— So was von Warterei, sage ich zu der Hand, die das siebte Glas auf die Resopalplatte stellt.
Der Wind faucht naß gegen die Scheibe, ich lege einen Finger an den Rahmenspalt und lasse ihn abkühlen. Idiotisch, sich hierherzusetzen, anstatt draußen hart am Boden zu liegen unter den festen Strichen des Windes.
— Unpünktliche Männer! Was macht man mit so was Unmöglichem?
Der Kellner grinst mich offen und dienstbar an. Mit Mühe hält der Vater gegenüber seine stupiden Augen in den Höhlen; die Töchter tuscheln. Mein Kopf ist

schwer, warm, versöhnlich. Mein Finger spürt den Kühlstrom am Fensterrahmen. Ja wohin soll man gehn? Mit all dem Schnaps im Blut auf die Buhne?
Nummer neun und zehn kommen gemeinsam in einem größeren Glas, und mir ist es jetzt ein bißchen übel und ich bin sehr müde.
— Der kommt nicht mehr.
Hat das irgendjemand gesagt? Sollte der Kellner so scharfsichtig gewesen sein? Nein, er kommt nicht mehr. Übrigens hab ich keinen erwartet.

MORGEN BEI PHOTO HOSS

Niemand von uns hatte natürlich damit rechnen können, daß es so mit Juliana ausgehen würde, selbstverständlich nicht. Aber daß es zu irgendeiner Außergewöhnlichkeit käme, stand von Anfang an fest. Von Anfang an: das heißt, seit sie damals zum ersten Mal bei uns in Dorn auftauchte mit ihrem um den Hals baumelnden Photoapparat und dem auf den Rücken gemalten „Morgen bei Photo Hoss" und mit ihrem Ruf „Eisbein, Reisbrei", den die Leute, ihre Opfer, während sie ihr Modell standen, wiederholen mußten, damit sie die Gesichter breit zerrten, so als lachten sie. Und von jeher klang für keinen von uns Julianas Ruf genauso geschäftsmäßig froh und unpersönlich wie der ihrer Kollegen bei Hoss oder bei Perrmann — die allerdings irgendwas anderes riefen, etwas mit „Weib" und „bleib", unseriöser und weniger beliebt bei den Leuten aus unserer Pension. Keiner hätte uns einreden können, mit Juliana wären wir so sicher dran wie mit irgendeiner andern ihres Jahrgangs oder ihres Berufs oder annähernd gleichen Aussehens.
Ich habe es immer erwartet. Es wundert mich nicht. Was mich allerhöchstens wundert, ist das Unverwunderliche. Denn es ist sehr einfach. Von mir aus brauchte es gar nicht so einfach zu sein.

Immer war von Juliana eine andere Wirkung ausgegangen. Man ist gezwungen, daran herumzurätseln, man fragt sich zum Beispiel, ob sie in ihrem Beruf erfolgreich war und Hoss besonders viele oder besonders wenige Aufträge einbrachte; sicherlich kein Mittelmaß, denn das würde sie schwerlich einhalten können, danach sah sie nicht aus: ihr rotes Haar trug sie zottig und lang um ihr ungepflegtes und doch schönes, nur etwas zu scharfes Gesicht. Vieles war auffallend gut geraten an ihr, aber anderes stieß fast ab, so zum Beispiel der Blick: blau und stechend, ich weiß nicht, ob sie mit ihm, was ihren Beruf betraf, in dem es auf Liebenswürdigkeit ankommt, viel erreichen konnte. Überhaupt stimmte das Abweisende ihres Wesens nicht gut zu den Belangen ihrer Arbeit, sie mußte sich ja mit ihrem Ruf und möglichst mit einem Lächeln den Ferienleuten nähern und den Wunsch herausfordern, ausgerechnet jetzt und ausgerechnet von ihr photographiert zu werden. Stolz war sie, das fanden wir alle, denn sie schloß den ganzen langen heißen Sommer über keine einzige Freundschaft. So hat sie denn keinen, der ihr jetzt nachweint. Nichts als Ungewißheit und Raterei hat sie hinterlassen.
Wer hätte mir die Hoffnung austreiben können, daß es das Außergewöhnliche wäre? Niemand. Und doch ist es nicht das Außergewöhnliche, oder aber das Außergewöhnliche hat eine komisch simple Art, sich zu geben. Trotzdem bin ich zufrieden. Ich möchte lachen. Meine Stimme ist zugleich das Winzigste und das Riesenhafteste.
Von all dem abgesehen — wirklich: sie war absonder-

lich, nie hörte man früher mit so schroffer Stimme den Lockruf der Photographen, und ihre Art, verächtlich dazustehen beim Knipsen, verächtlich Sonne und Schatten zu prüfen, kann unmöglich von den Gästen geschätzt worden sein — so merkwürdig sie war: das, was eintraf, hätte keiner sich ausmalen können, und wenn wir es nicht mitangesehen hätten, wäre es uns nie in den Sinn gekommen, es zu glauben, jedem Bericht hätten wir mißtraut, der Augenzeuge hätte noch so zuverlässig sein können. Denn das, was mit ihr passiert ist, verachtet die Grenze, die bei uns in Dorn, großzügig genug, auch noch die verrücktesten Vorkommnisse zusammenhält und die uns gottseidank abschirmt gegen das Unglaubhafte. Dieser eine Abend auf der Seepromenade, der so hell und so warm war wie seine Vorgänger und wie seine Nachfolger, wird sich nicht mehr aus unseren Köpfen vertreiben lassen. Leider nicht, so sagen wir allmählich. Denn was zuerst eine Art Sensation war, um die uns jedes Seebad beneiden mußte, fing an, sich in eine, vielleicht zwar eingebildete, Bedrohung zu kehren. Es ist lästig, eine Erinnerung nicht loszuwerden. Es gibt kein Verblassen. Die Farben jenes Abends überdauern und überstrahlen alle frühere und spätere Buntheit. Rot und golden und dunkelblau — könnten wir sie doch verwischen, ausbleichen, vergessen!

Mein Leben lang habe ich Mutproben gehaßt. Habe ich also in etwas Verhaßtes eingewilligt? Denn darauf kam es an, ich erinnere mich genau: starrsinnig genug zu sein. Und müde genug, das fiel mir nicht schwer. So ist Mut. Die Zuschauer hinter mir; was war vor mir?

Und wird aus dem Ereignis selbst jemals etwas weniger Schreckliches, weniger Verrücktes? Oder werden wir bis in alle Ewigkeit Juliana wegschreiten sehen müssen, stolz und unsinnig, den baumelnden Photoapparat voran, schwankend in ihrer raschen und großspurigen Gehweise, weiter hinaus, auf die hundertmal geknipste, fette schwammige Sonne zu, mitten ins Rot hinein, dem Julianas dunkler ungebeugter Rücken aufgeprägt war wie das Bild in einer Münze. „Morgen bei Photo Hoss" — bald konnten wir die Schrift nicht mehr lesen, zum Glück, denn sie war ja fast zur Lästerung geworden.

Ich will es nicht glauben, daß es ungefährlich ist. Ich rufe: Reisbrei, Eisbein. Die Sonne lächelt. Sie werden mir eine Belohnung geben wollen, sie werden mich bestechen wollen. Ich glaube aber, ich könnte mich nicht umdrehen.

Von den Wohnzimmerfenstern unserer Pension aus, nett eingerahmt in gestärkte Rüschen, geht unser Blick auf die rote Ziegelstraße, auf Julianas ehemaligen Weg vom trübseligen Ostende Dorns zu ihrem Arbeitsplatz „Photo Hoss". Wir alle in der Pension sind Frühaufsteher, wir rüsten zeitig am Morgen das Notwendige für einen munteren ordentlichen Tag gutgeplanter Ferienfreude, wir vollführen dann auf der Diele unter Herrn Elligs Leitung unsere lebensbejahenden Gymnastikbewegungen und frühstücken daraufhin an den Wohnzimmerfenstern, Tisch an Tisch. Früher sahen wir, regelmäßig bei der zweiten Hälfte des ersten Brötchens, Juliana, noch ohne die Photojacke, mit ihrem erstaunlich

struppigen Haar, das auch bei sonnenlosem Wetter in Flammen vor der Stirn brannte, mit ihren geschliffenen Augen, den langschrittigen harten Bewegungen. So eilte sie in Richtung Hoss. Das ist jetzt vorbei und jetzt, da es vorbei ist, fällt es uns eigentlich erst auf, daß es früher war. Denn obwohl sie sonderbar aussah, gehörte sie in den Bestand des Alltäglichen. Fehlt sie uns jetzt? Vermissen wir sie? Hätte sie sich weniger ungewöhnlich davongemacht — niemand würde ihr nachtrauern. Aber so? Wer weiß noch, wenn so etwas vorkommen kann, woran er sich halten soll?

Immer wieder will es mir wie ein Traum vorkommen, denn ist es mir nicht oft so ergangen: das Wunderbare hatte eine blasse verschmutzte Rückseite; wie oft haben die andern mich mit gutem Recht ausgelacht. Und doch ist es das einzig Wirkliche.

Wir alle standen aufgereiht da, entlang der gewundenen, dem Meer und der untergehenden Sonne zugekehrten Seepromenade, die sich über die Hügelkette der weißen Düne von Osten nach Westen schlängelt, standen da wie immer, Pensions- und Hotelgäste und Insulaner, denn wie immer würde in ein paar Minuten die Sonne im dünnen Wasserstrich des Horizonts versinken. Vornedran natürlich die Photographen, und wie immer abgesondert und großartig Juliana, natürlich auf dem besten Platz, und mit diesem Blick, der jeder unscheinbaren Einzelheit Bedeutung einreden wollte. Jetzt, danach, fragen wir uns: wie mag es ihr zumute gewesen sein? Was für ein Gefühl? Hat sie es vorbereitet? Hat sie selbst es angezettelt, geschah es auf ihre Veranlassung

hin? Oder zwang es sie plötzlich hinaus? Übers Wasser zu laufen, wie Jesus! Da lief sie, hielt sich ganz anständig auf der hagebuttenroten Bahn, die wie ein Teppich von der plattgedrückten Sonne bis zum Spülsaum der Flut hin ausgelegt war; Juliana lief da, stetig und langschrittig wie morgens auf der Straße, während wir frühstückten.

Ich werde müde davon, mich so grenzenlos bewundern zu müssen. Und so viel Sonne. Es langweilt mich, wer hätte das gedacht. Rot und langweilig, leider, als wäre ich auf dem Weg zu Hoss.

Ich habe mich immer von ihnen weggewünscht. Sie können nicht sehen, daß ich gähne.

VOR DEM GEWITTER

Der Omnibus hielt an der jämmerlichsten Haltestelle, die es auf der ganzen Strecke gab: Sie bestand nur aus zwei Steinklötzen mit einem Kasten aus Blech für Briefe darauf. Mitten im flachen Land gab es sonst nur den Tümpel und ein paar Palmwedel im Süden. Sie sah sich um, sie war wirklich die einzige, die ausstieg.
Aber in einer Staubwolke kam das Auto auf sie zu, eine wegklappende Tür empfing sie, sie setzte sich neben den Neger. Die Fahrt trieb ihr den warmen Sandstaub ins Gesicht, das Auto hatte überhaupt keine Scheiben. Sie war gereizt. Sollte sie mit dem Neger reden, und was? Er grinste, aber es sah nicht ermunternd aus.
— Es wird ein Gewitter geben, sagte sie.
Verrückt, sich darüber zu ärgern, daß er nicht antwortete. Wahrscheinlich war er stumm. Stumm oder idiotisch, oder beides.
— Sind Sie schon lang hier? fragte sie.
Er nickte. Wenigstens also stumm. Das Auto tuckerte über einen schmalen Weg zwischen Schilfsümpfen, schlapp standen die Rohre herum, ausgebranntes Gold. Dunstschlieren zogen darüber hin, wie nach einem gelöschten Brand. Bis zum Horizont sah das alles ziemlich öde aus.
Das Haus tauchte hinter einem Palmenhain auf. Es war

flach und fast verblichen und hatte eine lange leere Terrasse. Sie war froh, vom Neger wegzukommen und aus dem Auto — aber mit diesem staubigen Gesicht und dem verfilzten Haar. Sie ging aufs Haus zu, hinter dem Neger her, der die beiden Koffer trug. Lächerlich, gleich mit so viel Gepäck anzukommen. Sie spürte die modernde Luft.

Da trat er — Herr im Himmel — aus der offenen Glastür auf die Terrasse, gerade als sie sich die Stufen hochschleppte! Da trat er vor sie, seine Hand, sein Gesicht waren natürlich sauber gewaschen. Sie stand ihm gegenüber in einer schwitzenden lahmen Demütigung.

— Herrlich, hier zu sein.

— Herrlich, daß du gekommen bist.

Später war es etwas besser, aber nicht gut. Die Anstrengung ließ sich nicht wegwischen und auskämmen und mit den Reisekleidern ablegen. Tief im Korbsessel ertrug sie die Hitze und ihn; sie hörte das kurze Klirren des Glases, das er neben sie auf den Tisch stellte.

— O wunderbar, sagte sie, was zu trinken.

Der Whisky war eiskalt.

— Erzähl was, sagte er.

— Ach du liebe Zeit, rief sie. Ich bin halbtot.

Er räkelte sich neben ihr, schurrte die Sohlen über den Plankenboden.

— Es gibt ein Gewitter, sagte er.

Sie hörte, daß er trank. Sie roch die Hitze. Wär's doch erst Abend! Abend mit dem Gewitter, mit der Entscheidung.

— Ja, so gehen die Tage hier hin, sagte er. Alle Tage

diese Hitze, man kommt zu nichts.
— Aber es hat doch auch seinen Reiz, oder? fragte sie.
Sie lachte und das strengte sie an. Das Einsame, hat es nicht seinen Reiz?
Der Himmel war weiß vom Dampf aufgelöster Wolken, ein auseinandergezerrter fädiger Zug Wolken zum Horizont hin, und vom Boden herauf rauchten die Nebel aus den Schilfrohrsümpfen.
— Die Pappeln geben keinen Schatten, sagte er. O ja, es hat auch seinen Reiz. Seine Stimme klang eitel und frisch und besorgt.
Sie hörte wieder das Glas auf der Tischplatte. Sie trank auch, aber das half wenig, so lang es so hell und so heiß war. Der Tag schlich vorüber, keine Dämmerung. Mit weißer Jacke und Tablett und gemeißeltem Grinsen federte der Neger über die Terrasse, wie ein Uhrzeiger. Sie hatte Hunger und keine Lust zu essen. Jetzt mußte sie ihn ansehen, ihm gegenüber an den winzigen Tisch, unter dem ihre Knie sich im Weg waren. Herr im Himmel — da saß er!
— Herrlich hier, sagte sie.
— Fein, daß du gekommen bist, sagte er.
Sie lächelten sich vorsichtig an.
— Wie es geplant und ausgemacht war, sagte sie.
— Ich weiß, sagte er, ja ja.
— Was für herrliche Sachen zum Essen, rief sie. Danke, ich will wirklich nichts mehr.
— Am See ist's vielleicht kühler, was meinst du, sagte er und stand auf. Noch nicht dunkel, aber vielleicht kühler.
— Das ist diese Gewitterstimmung, sagte er unterwegs. Sie ist lähmend. Entschuldige!

Was denn? Aber ja: er verstand, daß diese Reise zu ihm, trotz der Abmachung, sie demütigte. Immer noch war der Himmel eine ölige Fläche, nur im Westen trieben gebüschelte Wolken. Sie traten aus dem stickigen Schilfpfad ans Seeufer — wahrhaftig: hier war es plötzlich sogar windig. Sie setzte sich in den Sand, dicht vor den See.
— Nicht, sagte er, es gibt Schlangen.
Er hielt ihr die Hand hin; beim Aufstehen stieß sie leicht gegen seinen Bauch. Na also, es machte sich, mit dem Abend und dem Gewitter ginge es schon aufwärts mit ihnen.
— Hörst du, sagte er, jetzt scheint's bald loszugehn.
Der Wind wurde stärker. Sie traten in den Hain. Hier war es dunkel, sein Hemd weiß. Sie lehnte sich an einen Pappelstamm.
— Ich glaube fast, sagte sie und lachte, ich glaub fast wirklich, ich habe zu viel von deinem Whisky getrunken. Sie rieb mit den Fingern durchs rauhe Kokoshaar des Stammes. Jetzt klappterten Palmblätter gegeneinander. Der See schäumte weiß an den Strand.
— Ach was, sagte er langsam, ach was denn, zu viel Whisky, das Bißchen.
Sie hörte wie eine Orchesterbegleitung das Schnattern der Palmwedel.
— Na, es war nicht so wenig, sagte sie mühsam.
Das Gewitter war jetzt ganz nah. Sie sah sein weißes Hemd plötzlich dicht vor sich. Sie roch seine geseifte Haut. Da gab es keinen Zweifel mehr. Das war nicht für sie. Sie kicherte ängstlich.

— Verstehst du, sagte er schnell, bitte, verstehst du.
— Jaja, sagte sie.
Herr im Himmel — kichern ist gut, albern sein ist gut.
— Es geht nicht, sagte er. Bitte versteh es.
— Was denn, sagte sie, ohne das Kichern. Was denn.
— Es geht nicht, sagte er. Daß wir heiraten. Es geht nicht. Ich erklär's dir. Bitte versteh's doch.
Noch nicht dunkel, aber schon entschieden? Sie fing wieder an zu kichern.
— Aber es macht ja nichts, rief sie laut, es macht ja doch wirklich ganz und gar nichts.
Sie sah, daß der weiße Hemdfleck ein bißchen zurückwich.
— Wirklich nicht? Du bist ja herrlich. Wirklich nicht?
— Aber doch gar nicht, rief sie ziemlich laut. Ganz und gar nicht.
Das graue Wolkenmoor im Westen flog schnell heran.
Der Neger, die Fahrt zur Haltestelle, sicher würde kein Mensch in den Omnibus steigen, nur sie.
— Verdammtes Klima, sagte er.
Der weiße Fleck war reichlich weit weg.
— Es macht einen ganz fertig, sagte er. Sag's nochmal: verstehst du mich, sag's bitte!
— Aber es macht gar nichts, rief sie, es macht doch gar nichts!
Sie erschrak über den ersten fetten Tropfen im Gesicht.
— Komm schnell ins Haus, sagte er.
Sie hörte ihn weglaufen.

BEIM WASCHEN

Der graue Steinboden war fleckig vom heißen Wasser; naß wehte der Dampf von den schwarzen Placken weg.
— Ach und die Säumchen, die Säumchen, rief Fräulein Klar, sieh sie dir nur an!
Sie hielt den kleinen Kissenbezug zwischen beiden Händen in die Höhe. Er tropfte auf ihre weiße Schürze.
— O ja, sagte sie.
— Die Mutter hatte ein Geschick, rief Fräulein Klar, und eine Geduld, sowas gibt's nicht mehr. Mädchen, Mädchen, ich sag dir, so was gibt's nicht mehr!
In dem mächtigen Gehäuse aus verzinktem Gußeisen wälzte die Waschtrommel ihre Runden; und sie stand daneben, hielt mit der Hand den Griff des Wasserhahns und sah zu. Dreimal nach vorne, dann rückwärts — sie war zu träge, um die Drehzahl der anderen Richtung festzustellen. Sie hatte es lieber, wenn die Trommel sich auf sie zubewegte. Das Schaumwasser, das hochzischte und aus der Öffnung des Gehäuses schwappte: sie sah gern zu. Sah zu und genoß das Gefühl von Gefahr. Wenn sie den Hahn nicht abstellte, würde das Wasser sie auf ihrem Platz erreichen, würde sie durchnässen und zwar ziemlich schnell.
— Nein nein, das kommt mir nicht in die Maschine, rief Fräulein Klar in den dumpfen Lärm, das flüssige Toben,

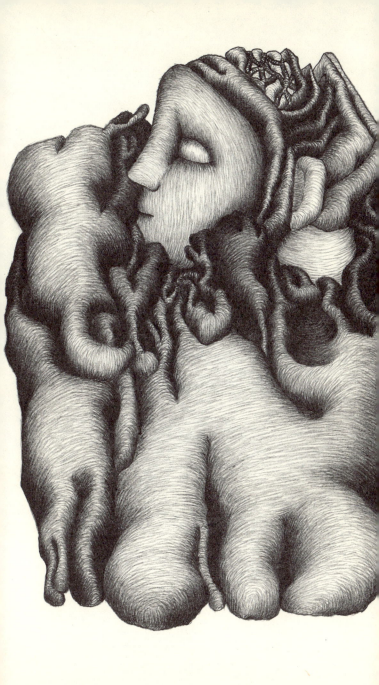

mit dem die Trommel sich durch die kochende Lauge schnaubte: die schwere Wäsche klatschte faul gegen die Wände, sie würde sich immer verzögern auf der ziellosen Waschfahrt.

— Lieber steh ich mir die Beine dick und lahm, als daß ich mir von der Maschine Mütterchens Handarbeit zerreißen laß.

Ja die Waschmaschine war etwas Böses, Rücksichtsloses, schleppte die nassen Hemden und Hosen, Laken, die Tücher und Bezüge gleichgültig um die Achse. Weiter und weiter würde die Trommel sich wälzen, vorwärts und zurück, und alles aufschlecken und verschlingen: Fräulein Klar und die Säumchen, die Waschseile, die Bütten in stumpfer Verzinkung mit ihren ausgebeulten Böden, die festen grauen Becken an der Westwand unter den beiden schmalen Kellerfenstern. Das Wasser stiege, stiege; und auch sie selber nähme es mit.

— Und im Heimatdorf riefen sie mir alle nach, Leute, die ich nicht kannte, alles war auf den Beinen: Tant Paulinchen, Tant Paulinchen, das ist die Schwester von meiner Mutter, und so groß ist die Familienähnlichkeit. Das war ein schöner Empfang.

Ach, durch das Fenster entkäme sie nicht; die schwarzen Gittermaschen karierten den Himmel. Entkäme nicht dem wasserfinsteren Keller zwischen den schimmeligen Mauern.

Gedankenlos drehten ihre Finger den vierzackigen Eisenstern am Hahn, drehten nach links und öffneten ihn so weit es ging.

— Und meine Schwester hat ihr dann nachgeeifert, so

feine Hüte hat sie gemacht, hatte die besten Kundinnen, alles vermögende Leute, die sie gut bezahlten. Ihre Finger bei der Arbeit! Manche kamen nur, um ihr zuzusehn. Wie sie den Filz bog und kniff. So rasche Finger!
Geschwind, eifrig nähte das Schwappen, schwer schlug es gegen die Schutzwand im Hohlleib. Es schlüge auch sie, schlüge alles und für immer. Ihre Hand ließ den Griff los. Sie ging weg vom Platz neben der Maschine, lehnte sich mit dem Bauch gegen den Steinrand des mittleren Beckens und sah durchs Gitter hinaus. Wenn sie sich vorbeugte, schrumpfte der Himmel und seine Blässe tauchte in den braunen Boden: sie erkannte die Kiesel, die Schrittnarben auf dem Weg, den die Besenbuschreihe säumte. Ach, die Familie, das Mittagessen! Es war ja Zeit für das Mittagessen.

STREIT

Das Haar fiel immer wieder zurück. Sie füllte alle Kammzinken mit den seidenglatten empfindlichen Strähnen und hob sie langsam; hielt sie so eine Weile, eh sie schnell den Kamm aus den Haaren zog. Ein paar Minuten lang lag alles in der gewollten lockeren Ordnung, die von der geringsten Bewegung zerstört werden mußte.
— Susie!
Erschrocken, verzweifelt steckte sie den Kamm in die maisgelbe Bürste; ihre Augen starrten in die Augen im Spiegel: unzufrieden.
— Ja, gleich.
Sie griff nach der runden Hautcremedose, tauchte mit der Zeigefingerspitze in das kühle weiße Fett, das sie unter die Fransen schmierte, entlang dem Haaransatz auf der Stirn, von einer Schläfe zur andern; sie senkte noch einmal die Fingerkuppe in die sahneglatte Fläche, bohrte sie ein; auf dem ganzen Kopf verrieb sie die Creme.
Immerhin hab ich jetzt wieder so was wie Kopfform. Laß sie kreischen, laß sie kreischen.
Sie lächelte sich zu: die Augenpaare grüßten einander abschiednehmend, während die Finger beider Hände geschäftig in den Haaren wirkten, ordneten, hier strafften, dort lockerten. Mit unbewegtem Kopf lief sie

durchs Zimmer, aus der Tür, über den dämmrigen Gang bis zur Treppe.
— Ich komme! rief sie mit unterwürfiger Dienstbotenstimme.
— Ich bitte darum! kam es streng von unten herauf, humorlos.
Hasse sie, hasse, hasse.
Sie trippelte, ohne den Kopf zu erschüttern, über die glänzendgebohnerten Stufen, petzte die Lippen zusammen. Der Kopf der Mutter lugte aus der Wohnzimmertür.
— In der Küche stapelt sich das Geschirr. Und trag nachher den Kaffee auf. Man meint grad, du wüßtest nicht, was heut los ist.
Sie ging in die Küche, in das vertraute Gemisch von Gerüchen: Abfall, kaltes Parfum von verkochtem Gemüse, aus den Ritzen der Speisekammertür drangen die Ausdünstungen der eingeschlafenen Reste.
Sie verstöpselte das Spülbecken, ließ Wasser laufen und badete mit den behenden Fingern die schmutzigen Teller, Schüsseln.
— Tante Thekla! schrie sie über den Gang durch die offene Tür.
Wütend registrierte sie, daß das Haar über der Stirn langsam, unaufhaltsam zurückfiel. Sie hob die linke Hand aus dem Wasser, ließ schnickend die Tropfen von den Fingern regnen; wischte mit der Oberseite des Handgelenks vorsichtig über die Schläfe.
— Tante Thekla! Kommst du nicht endlich!
Aus der ächzenden Tür am Ende des dunklen Gangs trat

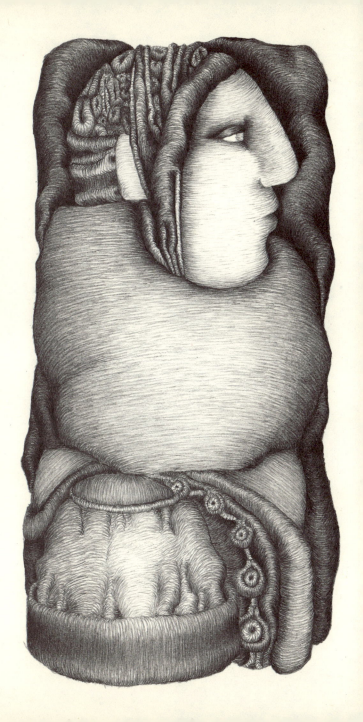

klein, silbrig, auf schiefen Beinen, die stengeldünn aus den hohen schwarzen Stiefeln kamen, die alte Frau. Im runden Kopf, der die Form einer verdrückten, überall herumgestoßenen Orange hatte, glotzten zwei fraglustige muntere Augen: Wäßrige Graublaupfützen über den Halbmondbacken. Der Kopf war klein und saß auf einem sehr dünnen, ganz sommersprossigen Hals, dem sich der Rumpf übergangslos massiv anschloß. Zu den zarten Gliedern konnte der schwere unförmige Leib nicht passen: so trug sie ihn träg, behäbig hinkend, mit weitausholendem Armrudern.

Gehorsam-mechanisch ergriff die Tante ein rotkariertes Küchenhandtuch, das auf der Trockenschnur überm Herd gehangen hatte, nahm es mit gedankenloser Routine in die linke Hand und holte mit der rechten einen Teller aus dem Becken, rieb trocken.

— Nimm doch nicht immer und immer wieder zuerst die Sachen, die ich grad abgestellt hab, nörgelte das Mädchen. Kannst du's nie lernen?

Kräftig, gereizt, das seidenfeine Haargekitzel in der gerunzelten Stirn, stand sie und arbeitete mit flinker Wut.

— Ach so ja, stimmt ja, sagte die Tante gefällig, gelehrig. Und dann in tieferem Ton, quasi parodistisch: Ich werd mir's diesmal merken! In unnachahmlicher Gemächlichkeit wischte sie mit dem Tuch immer wieder über dieselbe Stelle, eh sie einen Teller auf dem Holztisch absetzte. Reib da bitte mal drüber, bat sie und deutete auf den Tisch.

Unwillig, mit verkniffenem Mund, folgte die Nichte.

— Ist aber ein netter junger Mann, der Verlobte deiner

Schwester, sagte Tante Thekla im dunklen Ton andächtiger Bewunderung.
Die Nichte schwieg, verkrampfte die Lippen, ihr Inneres; schwieg.
— Findest du nicht? Kannst du ihn nicht nett finden? Ist er aber doch, ich find ihn nett.
— Jaja, das weiß ich jetzt endlich. Das sagst du schon vier Wochen lang. Paß auf, streng dich ein bißchen an, vielleicht heiratet er noch dich.
— Nein nein, sagte die Tante vernünftig; wohlerzogen lachte sie leise. Die zu mir gepaßt hätten, damals als ich jung war, sind all im Krieg gefallen. All sind sie gefallen.
— Ach du meine Güte, du meine Güte, als ob dich auch nur einer angeguckt hätte, lebendig oder tot! Sie lachte schrill auf; stieß in eiligem zitterndem Zorn mit einem Deckel an das schmächtige, braungelbbesproßte Handgelenk der Tante.
— Aua, aua! Erschrecktes Gekicher löste das Wehklagen ab; dann eiferte sie: Du bist immer zu rasch, viel zu rasch, Tante Selma ist auch so rasch, so was.
— Ach, mach doch kein Gezeter.
O verschlinge sie, kalter unlebendiger Steinboden der Küche, lösche sie aus, mächtiger Gott, wenn dir an meiner armseligen Existenz gelegen ist.
Rascher als vorher, aber auch vorsichtiger rieben und schrubbten die flinken Hände, eingetaucht in unfrische fettblasige Brühe. Die mageren Finger der Tante griffen blind in die rechte Hälfte des Beckens, holten einen großen Aluminiumlöffel.
— Da ist noch was dran, sagte sie, hielt den Löffel dicht vor die Augen der Nichte.

Gelb saß in der Innenhöhlung am Übergang zum Stiel etwas erkaltete Suppenmasse.
— Ach, das bißchen. Das kann man wahrhaftig auch so abkratzen, mit bißchen gutem Willen.
— Nein, nein, protestierte die Tante hell: Sonntagsschulkindstimme. Es muß alles sauber sein. Das geht nicht anders. Richtig sauber gespült muß alles sein.
Ärgerlich nahm sie den Löffel und warf ihn klatschend zurück ins Wasser. Sie panschte und verspritzte nach links, wo die Tante stand.
— Pfui, o, du machst mich ja ganz naß!
— Na ja, wenn schon, Wasser schadet nicht.
— Doch, bei Spülwasser ist's was andres. Möchtest du daß . . .
— Jetzt laß mich aber endlich in Ruh! Ihre Stimme hatte sich überschlagen.
— Was denn? So was. Wie kann man nur so schreien? Schrei doch nur nicht so. So was. Immer bist du so gereizt, klagte die Tante; Angst stand in den graublauen Augenteichen, die Fröhlichkeit der Kugelbacke schlummerte ein.
— Laß mich in Ruhe! Ein für alle Mal.
Das Weinglas rutschte aus den glitschigen Fingern. Es zerschellte am schwarzgesprenkelten Steinboden.
— O, ach das gute Glas, o das gute gute Glas, du liebe Zeit! jammerte die Tante. Du bist immer zu rasch; ich hab's ja gewußt, o das schöne Glas, was wird deine Mutter sagen.
— Meine Güte, als wär das blöde Glas so ein Verlust! Stell dich nicht so an, die heiraten jetzt eine halbe Million und können sich ebensoviel neue Gläser kaufen.

Sie kehrte die Scherben mit dem Handbesen in die Schaufel, die sie auf Kartoffelschalen und verfaulte Salatblätter im Abfalleimer leerte. Verächtlich klirrten die Glassplitter, riefen leise scheppernd hämisches Adieu.
Tante Theklas Ton war von neuem friedfertig, als sie, gemächlich trockenwischend, sagte:
— Ob er jetzt da ist? Was meinst du, ob er da ist? Deine Schwester läßt ja keinen an die Tür, wenn er kommt.
Die Nichte gab keine Antwort.
— Was hab ich dir nur getan? Ich hab doch nichts getan? Sag's doch, was ich getan hab.
Vor Wut warf das Mädchen die Spülbürste ins schwappende Wasser, stampfte mit dem Fuß auf den Boden. Sie rieb mit dem Handgelenk das bewegliche Haar über der Schläfe zurück und schrie aus ungehorsamen Lippen:
— Du bist so dumm, so dumm dumm dumm! Hör auf jetzt, geh weg, ich mach's allein!
Angst in ihrem Blick und Traurigkeit. Tränen: kindische, blinde. Gleich wird sie weinen und nach ihrer toten Mutter rufen. Die war immer gut zu mir, immer immer gut. Tabu, unantastbar, weil sie dumm ist. Keine Waffe; kein Ausweg.
— Ich hab dir doch nichts getan, ich verbitt mir das, so mit mir zu schreien! Das gehört sich nicht.
— Sei still, hab ich dir gesagt.
Das Mädchen spannte die Muskeln in den kräftigen Armen, legte die feuchten Hände um die kümmerlichen Oberarme der Tante, die sommersprossig und zu sanft,

zu schwach waren; empfand Ekel, der im Hals würgte. Beklommen, mit drückendem Herzen in der Brust, hielt sie die Tante fest: ein klägliches Leben.
— Bist du jetzt still? Versprichst du jetzt endlich, still zu sein? Ihre Stimme konnte nicht mehr schreien: sie war klein, sonderbar schrumplig. Sie ließ die kühlsanften Arme los, wandte sich ab.
— Ach du liebe Zeit, so was, was ist nur los, was hab ich denn getan? rief die Tante mißtönig.
— Du sollst still sein. Ich kann nichts hören.
— Aber ich hab doch nichts getan. Was tu ich denn? Was fällt dir eigentlich ein; ich bin doch deine Tante!
Empörung hatte sich zur Angst gesellt und machte die Wehlaute der Tante sicherer.
Eine Weile arbeitete die Nichte stumm; sie schabte und kratzte in den düsteren Innenräumen der Töpfe herum; hoch über die Handgelenke klatschte die laue Flüssigkeit. Leise lamentierend hantierte Tante Thekla ohne Eile, wie ein bestraftes Kind.
Indessen produzierte das Hirn der Nichte einen Satz, der eine schmerzlose Harmonie, die ohne Gefühl bleiben mußte, herstellen würde. Ein ausgleichendes Wort. Etwas Sachtes. Stilles. Sie wollte trösten: mehr ihr eigenes Innere.
Sie nicht so allein lassen. Etwas vom Wetter. Ruhig, unwichtig. Sie nach einer ihrer Bekannten fragen. Was wissen wollen, eine Auskunft. Oder einen Auftrag geben, der ihrem Verlangen nach Wichtigkeit schmeichelt.
Sie spannte sich, sammelte Atem. Sie beugte den Kopf tief übers Becken.

— Könntest du mir nachher was besorgen? fragte sie, während sie einen Topf mit dem naßdunklen Lappen ausrieb.
— Was denn? Was ist's denn? Neugier belebte die Züge der Tante, das Bewußtsein von Bedeutung auch, die ihr die Vermittlerrolle zwischen den Verwandten und der Außenwelt — Briefkasten, Milchmann, Lebensmittelgeschäft — verschaffte.
Schon wieder entkräftet, gereizt knurrte die Nichte:
— Ich brauch Fett für mein Haar. Ich sag dir's später genauer.
— So. Ach ja, du hast so dünnes Haar, genau wie ich. Es bleibt nicht liegen ohne Fett. Aber in deinem Alter hatte ich noch dickes.
Das Mädchen schwieg.
Sie soll mich nicht beleidigen, sie soll es nicht, soll nicht.
— Deine Schwester hat schönes, ganz dickes Haar. Das schönste in der Familie. Findest du nicht?
Sie schwieg.
Sie soll nicht, soll soll nicht. Ihr Instinkt, der ihr zur Rache verhilft. Und zu neuer Strafe. Bewahr dich doch. Schuld der Dummen. Sie soll nicht.
— Der junge Mann sieht gut aus, wirklich. Kannst du ihn nicht leiden?
— Ich sag dir's zum hundertsten Mal, er ist mir egal! rief sie.
Verwundert lauschte sie einem sonderbaren Geräusch aus der Kehle der Tante: einem bubbernden Gekicher, das die kurzen Lippen kräuselte.
— Egal darf er dir aber nicht sein, sagte sie logisch, wo

er doch mal dein Schwager wird. So ein netter Schwager.
— Natürlich darf er das, er kann mir völlig schnuppe sein wie gewisse andere Leute aus meiner Verwandtschaft, rief die Nichte hell, schwankend, und verlor die Kraft, länger für den Frieden zu kämpfen. Sie riß am mißfarbenen Metallstrang des Stöpsels im Abgußloch, riß mit bebender Empörung und hielt die Kette in der zurückschnellenden Hand, während der schwarze Hartgummistopfen weiter in der Öffnung hockte: beharrlich, in feindlichem Widerspruch, verständnislos.
— Ach, jetzt hast du's wieder kaputt gemacht, heulte Tante Thekla, und es ist so schwer festzumachen. Wie willst du's jetzt rausbringen?
Stumm zog das Mädchen an der Bruchstelle der Kette.
— Es geht doch nicht so, hat gar keinen Zweck. Du mußt die Beißzange holen. Warum hast du nur so gerissen?
— Halt den Mund! schrie die Nichte. Dich geht's gar nichts an, verstehst du? Geh jetzt in dein Zimmer.
— Nein nein, ich muß doch hier sein, wo denkst du denn hin? Ich muß doch hier sein, hab doch hier zu tun!
Besinnungslos in ihrer Wut, die wie ein Fieberanfall wieder in ihr aufstieg, betäubt von der Erregung, packte sie die kläglichen Schultern der Tante, glitt ab an der glatten Seide des Kleides, packte fester zu und schob den kreischenden, ungeschickt sich wehrenden Körper vor sich her.
— Du bist schuld, du bist schuld! schrie sie.

Sie drückte und stieß; öffnete mit der einen Hand die schmale Tür der Speisekammer, während die Finger der andern Hand umso fester das sanftergebene Fleisch preßten.
— Was willst du machen, was willst du nur machen? plärrte die Tante.
— Daß du still bist, du bist schuld, selbst schuld, rief das Mädchen mit entstellter Stimme und stieß den schwächlichen Körper — die Zusammenrottung von Jammer, Elend und Unverstand, die Beute, unschuldige Schuld, Opfer ihrer Vergewaltigung — stieß ihn in den engen dunklen Schacht; fing einen Blick auf, der dem Leben nicht entsagen wollte, dem hellen duftenden Dasein in der Küche, in der Welt der bösen liebenswerten Menschen. Sie verschloß die Tür.
— Da, da, da! schrie sie. Da hast du's!
Fett für mein Haar, besorg mir Fett für mein Haar, Fett, Fett, und vergib mir. Einen Choral für die Opfer und für die Vergewaltiger und Fett für mein Haar.

IMITATION

Sie betraten die Bar und sanft leitete er sie an einen intimen Nischentisch. Seine Augen waren zärtlich und roh, besitzergreifend. Sie atmete schwer, im glänzenden Blick lagen Unsicherheit und Hoffnung.
— You are terribly sweet, sagte er leise.
Sie schüttelte den Kopf, lächelte. Er beteuerte es ihr, umschloß mit einer Hand ihre gefalteten kleinen Finger, fragte, ob sie tanzen wolle.
Sie tanzten, dicht aneinandergedrängt und immer noch zu weit voneinander entfernt. Schwere, süße Betäubung. Die Musik, sein Atem, ihr Parfum, Augen, Hände. Wärme. Ein Rausch.
Er verging nicht. Im Taxi brachte er sie nach Haus. Sie wohnte allein. Darf ich? O nein. Nur eine Tasse Kaffee. Bitte!
Er durfte. Zärtlicher großer Mann, seine erregende, wunderbare Liebe. Herzklopfen, sanft sanft kam er zu ihr, ein paar Tränen, die nur die Augen füllten und nicht die Wangen hinunterliefen, ihre Hingabe, dem Zuschauer versprochen in der Glut eines Augenaufschlags, in der Verschmelzung ihrer Lippen.

— Noch was trinken?
— Ja, wär' nicht schlecht.
Sie betraten die Bar und mißmutig bahnte er sich einen

Weg durch die Tische, fand keinen guten Platz. Sie hinter ihm her.
Unsympathisch muß er wirken mit seinem finsteren Gesicht, den unvergnügten Lippen.
Er bestellte das billigste Getränk, fand es immer noch zu teuer.
— Hübscher Film, sagte sie.
— Na, reichlich dick aufgetragen, brummte er.
— Was willst du, Kitsch ist's immer.
Beleidigt saß sie, betrachtete mit geringschätziger Wehmut die Tanzpaare.
— Blöd, bei der Hitze zu tanzen, sagte sie traurig.
Er sah auf, fixierte eine aparte kleine Mulattin, schlank und drahtig und halb nackt in den Armen ihres Partners.
— Kommt drauf an, sagte er.
Schwere, bittere Enttäuschung. Die Musik, sein festgenagelter Blick, daß man nicht geliebt wurde, daß man nicht liebte. Hitze. Eine schwache, leise bohrende Qual. Sie verging nicht. Verstimmt tappten sie durch die dunklen Straßen.

BEIM BIER

Sie strich mit den Fingern über den fleckigen Tisch aus grobem, schlecht poliertem Holz: es gab ein rauhes Geräusch. Sie legte die Hände übereinander, betrachtete den breiten flachen Berg geröteten Fleischs, sah auf. Um den Mund lag ein scheues, halb verschlagenes Grinsen, aus den braunen Augen kam eine erwartungsvolle Angst.
— Hast du den Koffer mit? fragte er, hob das Bierglas und tauchte die dicken Lippen in den trübgelben Schaum, trank langsam und ausgiebig.
Sie nickte, öffnete dazu den Mund, sagte nichts. Das Grinsen blieb; die Angst in den Augen wachte auf, sekundenlang.
Er stellte das Glas ab, wischte mit dem Handrücken über die Lippen, hin und zurück, bedächtig. Sie sah, daß noch Schaum im linken Mundwinkel saß und trocknete, sah die weißlichen flockigen Blasen zwischen den dunklen Bartborsten zerplatzen.
Er sah sie drohend an.
— Trink doch, sagte er. Er nahm die Flasche, hob sie an und goß ihr Glas hoch voll, und sie sah zu, wie die braungelbe Flüssigkeit stieg, den Schaum nach oben trieb, bis er am Glasrand zusammensackte, an der Innenwand haftete und schrumpfte. Sie starrte auf die

schmutzige klebrige Stelle, an der ihr Mund sich festgesaugt hatte, die krustigen Spuren des billigen Lippenstifts; starrte auf die Schaumschmiere, die blasigen Muster an der Glaswand und sah den Strand mit seinen wolkigen, im Wind flatternden Salzschaumhügeln, den zerwehten, gelbweißgefärbten Schlieren nach dem Hochwasser.
— Und hier kannst du nicht so rumlaufen, sagte er. Sein rechter Arm machte eine vage Bewegung in der Luft, fiel schwer zurück auf die Tischplatte. Sie hielt ihr zitterndes Glas fest und sah auf die dunkelbraunen Flecken im hellen Holz.
— Ich wollte dir das nur noch sagen, sagte er schüchtern. Sie sah ihn überrascht an.
Er spielte mit seinen kurzen schweren Fingern, trommelte auf die Platte. Die harten eckigen Nägel hackten hell und böse.
— Hast du die Sprache verloren? Sitzt da und stiers herum. Er trank wütend und hastig in zwei Zügen sein Glas leer und wischte wieder mit dem Handrücken über den Mund, während die Finger der linken Hand unrhythmisch weiterhackten.
Sie wurde rot, fühlte sich benommen und schwer, unbeweglich: als füllten sich ihre Glieder mit dickem zähem Saft, der sie lähmte. Schlafähnlich.
— Na, was soll ich sagen? Sie lachte auf und blieb gerade und steif sitzen; der betäubte Leib rührte sich nicht.
Eine betrunkene Fliege trippelte über die fleckige feuchte Tischplatte, flog auf, landete wieder auf den unsicheren Beinen.

Er schenkte sich neu ein, ließ den Schaum hochsteigen, bis er über den Rand quoll und zähflüssig herab auf den Tisch troff; er streckte den Zeigefinger aus und strich am Glasende den Schaum ab, schnickte ihn weg auf die Holzdielen. Er rülpste leise und warm.
Die Fliege kam ungeschickt über den Tisch, machte Halt in seinen splittrigen Narben, wo sie die dünnen Vorderbeine aneinanderrieb, lang und geduldig wetzte. Sie beobachtete die Fliege und das Schrumpfen des Schaums, sein Muster auf der Innenwand des Glases, und sah wieder den Strand und die schmutzigweißen Flocken, die zerrupften weichen Bäusche.
— Wenn du hier mitmachen willst, mußt du dich nach mir richten. Ich kann nicht eine Frau gebrauchen, die stumm ist und rumläuft wie eine vom Land. Er trank. Seine Stimme war milder: trotzig und knabenhaft.
Wenn die Fliege nicht auffliegt, geh ich weg. Wenn sie sich fangen läßt.
Sie fixierte das schwarze träge Insekt. In ihren Augen wartete eine fast idiotische Spannung, ihr Mund war verzogen, hatte das Grinsen krampfhaft bewahrt.
— Wird ja schon werden, sagte er, wirst sehn. Ein leichteres Leben hier. Nicht die Plage mit dem Wetter und so. Er sprach sich selber zu, hielt den kleinen harten Schädel gesenkt, den Blick auf die leblos liegenden Hände des Mädchens gerichtet.
Wenn sie wegfliegt, muß ich bleiben.
Sie hypnotisierte den dunklen Punkt, der zögernd kroch, anhielt und weiterlief. Sie sah im Augenwinkel die Schaummuster im Glas, hörte ihr leises prickelndes Treiben.

— Mit der Zeit gewöhnst du dich dran. Die Luft und so. Die Leute sind besser. Kann mit Ihnen reden.
Sie hielt den Atem an und nahm langsam, langsam die rechte Hand von der linken, hob sie halb hoch.
— Wirklich, man sollt's nicht denken, daß man sich so rasch dran gewöhnt. Seine Stimme war tonlos und zufrieden. In glatt einer Woche schon. Man sollt's nicht denken.
Sie schlug auf die Platte: eine dumpfe, resonanzlose Beschwerde; und weg flog, gleichmütig und verschlafen, die schwarzbeflügelte Freiheit.

BIS ÜBERMORGEN

Sie dachte, das hätte sie für immer hinter sich: jemandem entgegengehen, einem, der wartete. Sie ging schnell und sah unter sich. Was für ein Gesicht machen — sie hatte nicht damit gerechnet, daß es schwierig wäre. Sie stieg zu ihm ins Auto.
— Wohin wollen wir?
— Irgendwohin, sagte sie. Zu den Kiefern.
Rechts hinter der Böschung erstreckte sich das dürre Grasland: wie struppige Hundeleiber im Gähnen. Die Straße war naß. In den Rinnen lag schmutziger Schnee. Sie ließen das Auto vor dem Drahtzaun stehen; aus der Baracke schrie die Stimme einer Frau. Sie gingen durch den Schneeschlamm. Jetzt waren die Kiefern nah, die zerrupften Büschel hoch, flaschiggrün, deutlich die langen Nadeln, die braunen Zapfen.
— Um auf den Termin zu sprechen zu kommen, sagte er.
— Auf welchen? fragte sie.
— Wann Sie zu uns kommen, sagte er. Erzählen Sie doch was.
— Ich möchte auf den Stämmen laufen, sagte sie.
— Tun Sie's.
— Das wäre zu stilrein. Sie hielt den Atem an, sah im Westen riesigrot die Sonne. Wie schön, sagte sie.
— Herrlich, sagte er. Wie Ihr Halstuch. Wie geht's Ihnen überhaupt?
— Danke. Und Ihnen?
— Danke. Die Tage sind zu lang.
— Und zu kurz. Im Mund hatte sie den Geschmack des

öden Qualtags zu Haus.
Sie standen über dem Bahndamn, Den steilen Abhang verriegelte ein kurzes Geländer, rostblattrig.
— Es kommen keine Züge, sagte er.
— Komisch, sagte sie, es müßten doch welche kommen.
— Aber es kommen keine, sagte er. Es kommen nie welche.
— O, sagte sie, das ist Theater.
— Theater? fragte er, faßte sie am Ellenbogen.
Sie spürte, wie dünn sie war. Er ließ sie los. Sie gingen weiter. Im Wald standen Kinder herum, luden kleine orangegelbe Pistolen. Sie gingen vorbei. Ein Schuß platzte.
— Ich muß nach Haus, sagte sie. Sie sah in die Nadelkronen. Am Fenster zu Haus hatte sie in die Gegend hier Freiheit hineingeheimnist. Aber eine Stacheldrahtrolle grenzte die schneebestrichene Fläche des Schießplatzes ab.
Das Auto blinkte durch die Stämme. Der Zaun. Die Baracke. Auf Stangen dösten Hühner.
— Ich rauch noch eine Zigarette, sagte er.
Sie sah ihm zu. Sie hatte seine Hände nicht gern.
Die Vorstadt roch nach Buttersäure. Eine Frau war böse auf ihr Kind.
— Auf Wiedersehn, sagte sie. Die Wagentür kratzte gegen die Bordsteinschwelle.
— Auf Wiedersehn, sagte er. Bis übermorgen.
— Ja, sagte sie.
Sie dachte, das hätte sie für immer hinter sich: weggehen, wenn jemand zusah, einer, der wartete. Auf übermorgen.

DIE MAUER

Die weichen kleinen Hände taten weh. Das Kind klappte sie vorsichtig auf und sah die scharfen Konturen der Baumrinde im wunden Fleisch. Ohne sich zu bewegen saß es schief zwischen Stamm und Ast im Versteck der Blätter, stützte statt der Hände die Ellenbogenknochen gegen die narbige harte Fläche. Es starrte hinunter. Es hatte die Knie angezogen: mit den mageren Beinen verdeckte es das bunte Karomuster seines kurzen Kleides.
— Laß mich los! rief Martha.
Aber das Kind konnte gut hören, daß sie es nicht ernst meinte.
Der Mann griff fester um Marthas Hüften und preßte sie an sich. Das Kind hörte ein leises Lachen, es war zärtlich und grausam.
— Du! rief Martha, und er legte ihr seine freie Hand auf den Mund. Sie hielt still und kicherte ruckartig vor sich hin.
— Komm her, sagte der Mann und zog sie in die Nähe des Baumstamms. Er holte etwas Schmales, Glitzerndes aus der Tasche, fingerte daran herum; und das Kind erkannte ein Messer, verziert und klein wie ein Spielzeug. Der Mann schnitt langsam, sorgfältig kurze helle Späne aus der Rinde, pfiff dazu leise aus den Zähnen:

keine richtige Melodie, punktierte Noten, immer die gleichen, die die Halbtonleiter hinunterzischten.

— Da, sagte er und deutete mit dem blinkenden Messer auf den Stamm. Was gibt das wohl?

Die Schwester kicherte noch, verschluckte sich, gurgelte hervor:

— Weiß ich nicht.

Gleichmütig arbeitete er weiter, schnitzte; und pfiff durch die Zähne seine punktierte Tonleiter.

— Na, und jetzt?

Sie trat näher: begutachtete.

— Ein „M"? rätselte sie und klappte sich die Hand vor den Mund, erstickte ihr Lachen.

Das Kind fühlte seine Glieder, die schmerzenden Ellenbogen. Es rührte sich nicht, bis auf sein wütendes wildes Herz war es leblos, eingekeilt im rissigen Holz, gekitzelt von Ameisen.

— Ganz recht, ein „M". Die Stimme des Mannes war dunkel und weich, sie schien dem Kind gefährlich zu sein wie das veränderte, ganz fremde Kichern der Schwester. Es hatte Angst, mehr als Wut und Haß. Es sah, daß der Mann weiterschnippelte und daß die Schwester ihn am Ärmel wegziehn wollte.

— Laß doch, sagte diese hohe unbekannte Stimme: schrill, obwohl sie gedämpft war. Laß doch. Wenn's einer sieht.

Der Mann drehte sich nach Martha um, ließ das schmale funkelnde Messer ins Gras fallen und umschlang mit beiden Armen ihren Körper, der still und lahm wurde, schwer, so kam es dem Kind vor. Es sah den Mund des

Mannes, vorgereckt, lächelnd, sich dem Kinn der Schwester nähern, sah den blonden kurzgeschnittenen Hinterkopf, der sich vorbeugte, den Kopf der Schwester hinunterdrückte, viel zu tief. Das Kind schluckte, und der sonst unbewußte Vorgang, den es jetzt aus Vorsicht ängstlich beaufsichtigte, mißlang, ein schrumpliger Ton kam aus der Kehle, ein kleiner grunzender Schrei.
Der Mann hob den Kopf. Das Kind sah, daß die Schwester ein paar Meter davonlief und dann verschreckt kichernd stehenblieb. Das Kind hielt den Atem an und starrte mitten in den hellen spöttischen Blick des Mannes.
— Martha, komm her, rief er. Bestaune, was ich entdeckt habe.
Das Kind fühlte warme Hände an seinen nackten Beinen, sanftes und ärgerliches Zerren. Es tat weh. Prikkelnd kehrte Leben in die steifen Glieder zurück.
Das Kind stand am Boden in seinem verrutschten schmutzigen Kleid; es sah dem Mann nicht ins Gesicht.
— So klein und schon auf Liebesabenteuer aus, lachte er.
Das Kind spürte, daß er völlig gleichgültig war. Aus dem dunklen Rindenholz leuchteten die hellen frischen Kerben: ein „M" und ein „E". Die Schwester trat dicht neben das Kind und sagte schnell und hoch:
— Erzähl ja nichts, verstehst du? Sag nichts davon!
Das Kind blieb stumm und reglos.
Der Mann quetschte ihm zwei kühle Münzen in die klebrige Faust.

— Du bist jetzt ganz wichtig, Kleine. Ein Geheimnis, weißt du! Wir verraten dir noch mehr, wenn du klug genug dafür bist. Kapiert?
— Sag nichts, kleine Spionin, sagte die Schwester leise und eindringlich mit der Stimme, die es nicht kannte.
Das Kind lief fort, übergangslos aus seiner Starrheit fiel es in wildes Rennen, gejagt von einem Todesgefühl.
— Sie hat ihn geküßt!
Das Kind verkrampfte die Finger, drückte in der Faust die beiden Geldstücke. Vor den Eltern stand es und schrie die vier Wörter, immer wieder.
— Sei still, sagte der Vater. Es ist nicht recht von dir, deine Schwester anzugeben.
Das Kind schwieg, stand zitternd da und konnte sich nicht wegbewegen. Es sah ein zufriedenes Lächeln der Mutter. Es erkannte jetzt eine Mauer: dahinter waren die Eltern, der Mann und die Schwester, das Schnittmal im Stamm und das Kichern. Es drehte sich auf dem Absatz um, stürzte aus der Tür und lief die Treppen hinauf. Unter seinem Kopfkissen versteckte es die feuchten Nickelmünzen.

IMMER DURCH DEN WALD

Immer durch den Wald tappen. War's wo schöner als im Waldesruh, dem Gast zur Freude. Da wird dir's ganz bestimmt ganz schwindlig. Immer durch den Wald tappen. Möglichst lang tappen, möglichst lang wahrnehmen, möglichst lang hinweisen: dies ist ein Ausweg, dies geht nicht lang gut, dies geht möglichst lang gut, dies ist Eigensinn, hinweisen auf den eigensinnigen Zustand der Blüten, eine Wahrnehmung über die Annehmlichkeit der Sonne riskieren, Durchgang auf eigene Gefahr, durch den Wald tappen auf eigene Gefahr, anstarren, angaffen auf eigene Gefahr, die Unbotmäßigkeit eines Wortes löst die entscheidende Masche, die Randmasche, die Endmasche des Nachmittags; nicht, aber nein, hör auf, dir wird's schwindlig, sieh: der Ober ist der Ober von früher. Sieh: das ist der Waldweg von früher, war's wann schöner als früher, Sandweg, Kiesweg, Schotterweg, Gerümpelweg, Ausweg. Sieh: dort Sandstein, dort Mörtel, dort Terrazzotrümmer, Häuser werden abgerissen und auf dem Weg von früher beigesetzt, wir wissen das Ende von Häuern, wer weiß unser Ende, wußte es jemand genauer als derjenige welcher? Armer Mann, armer hochnäsiger Mann. Dies und dies und dies, möglichst lang dies. Nachmittag auf eigene Gefahr im Waldesruh mach Augen zu, komm runter

von der Drehscheibe eh dir's ganz sicher schlecht wird, dem Gast zur Freude, war's wo schöner, ist was schöner als Märzensonne? Immer durch den Wald tappen, unser aller euer aller Ende entgegen, wir, genau wie wir tappen, möglichst lang, dem Tod eines jeden entgegen und dem Tod eines, der eine Liebe war, und dessen Tod, der ganz nett war, war wer netter als der, dessen Tod wir und wir entgegentappen. Das Gepäck ist nicht mehr so leicht wie früher, so viel Weh im Gepäck, so vielen Wehs Bürde, 's Mütterlein weint, 's Väterlein findet und findet und findet nicht und findet nicht, um so viel Weh reicher, bereichert mit dem Weh eines nicht zurückerstatteten Lächelns, unser aller Weh- und Waldweg, unser aller Hoffnung auf ein angenehmes Ende, du nimm dich in acht dir wird's schwindlig komm herunter wenn ich dir's sage. Armer hochnäsiger bitterer Mann, war wer netter, war wer stärker betroffen, war wer tiefer gekränkt, ist und bleibt was angenehmer als März. Diese geometrischen Wege. Dieses ungeometrische Schilf. Diese unmathematische Beleuchtung, sich jedem Hinweis entziehend, während wir uns küssen.

LIEBE KLEINE LEA

Er klappte den letzten Aktendeckel zu und verschloß die Rolläden des Schreibtischs.
— Na also vielen Dank, sagte er.
Er hatte jetzt eigentlich hier nichts mehr verloren. Er war beurlaubt. Zum ersten Mal, seit er bei Scheller und Schwinn in der Buchhaltung arbeitete, hatte er sich Zahnschmerzen geleistet. Der stocksteife Bürovorsteher drängte ihn geradezu wegzugehn.
Er ordnete die Bleistifte in der Schreibtischschale, sah unter sich. Das Peinliche war — oder das Wunderbare, im besten Wortsinn — daß er jetzt den zweitletzten Backenzahn überhaupt nicht mehr spürte.
— Na vielen Dank, sagte er. Ich nehme also Ihr Anerbieten dankend an.
Er grinste scheu nach rechts hin, wo sie saßen, die Kolgen Franz und Thop, die seine Arbeit machen würden.
— So was Kollegiales, sagte er.
Er ließ sich gute Besserung wünschen; er zog den Mantel an. Als er in der Tür stand, angekleidet für den hellen Alltag draußen, fix und fertig zum Weggehn, fühlte er sich schon freier, eine flotte Abschiedsgeste mit dem Hut in der rechten Hand gelang ihm, er spürte vergnügt, wie ein beherztes Lächeln über sein Gesicht floß.
Dann sagte Thop — das hätte er nicht tun sollen:

— Schöne Empfehlung auch an die junge Frau Gemahlin.
Und der dachsköpfige Franz schob seine Kieferknochen hin und her: seine Art, Spott auszudrücken.
— Na, nochmals danke, sagte er. Die freudige Empfindung einer Überlegenheit war weg, Scham kroch durch seine Glieder, und eine schwache Angst fiel ihm ins Wort:
— Na, dann auf Wiedersehn, sagte er.

Sie schnickte das Spülwasser von den Händen. Das Tuch hing auf der Leine überm Herd: sie riß es herunter, trocknete mit vorsichtiger Hast zuerst die Teller ab, beim Silber paßte sie nicht mehr so gut auf. Sie konnte Hausarbeit nicht langsam tun. Wieder war sie viel zu schnell mit allem fertig. So ging es täglich: sie haspelte den Morgen herunter und stand dann erschöpft und gierig vor dem leeren Nachmittag. Es war so lästig, nichts zu tun zu haben.
Also Julian. Sie murmelte vor sich hin: Julian Julian; es ist schlimm, dachte sie, zu viel Zeit zu haben und einen Mieter.
— Nein nein! Nicht sofort.
In Julians Zimmer war es so eng, daß sie sich nicht bewegen konnte, ohne immer wieder in seine Arme zu rutschen: ein winziges Zimmer voller Arme.
— Vier Stunden, sagte Julian, ganze vier Stunden Zeit. Seine spitzen Lippen pfiffen die Buchstaben in ihr Ohr. Wie findest du das, vier Stunden Zeit.
— Herrlich, sagte sie.
Sie wartete hastig und müde im Armgriff.

— Vielleicht kommt er aber mal früher zurück, sagte sie. Wenn er nun mal früher zurückkäme?

Den Zahnarzt hatte er gespart, der Zahn verhielt sich ganz ruhig, wie ein Spuk kam ihm jetzt das Schmerzzucken vor. Er fühlte sich heldenhaft, frech: kerngesund schritt er am hellen Nachmittag nach Haus, ließ Franz und Thop seine Arbeit machen — warum nicht, warum nicht längst?
Es fiel ihm auf, daß er die schnurgerade Mauerstraße bei Tag noch gar nicht kannte; morgens summte der Omnibus durch einen dunkelblauen Schacht: eine Seite — die mit der übermannshohen Mauer — war schwarz und leblos, auf der andern gähnten gelbe Lichter in finsteren Fassaden; abends war es fast das Gleiche, nur gab es mehr helle Fenster auf der linken Seite und sie sahen auch nicht mehr so jämmerlich aus wie morgens um halb sieben. Eine fremde Straße, durch die er täglich zweimal sein Leben lenken ließ. Daß er nicht das mindeste mit diesem grießigen kalten Tageslicht zu schaffen hatte, verstand er mit scharfem Entsetzen. Er gehörte nicht hierher: zu den Frauen mit Einkaufstaschen. Kinderkeifen, Jungen balzten auf dem Heimweg von der Schule hinter Mädchengegacker her. Und wie lang die Mauer sich den Hang hinaufzog. Ganz weit entfernt am Kiesbuckel endete sie, die Straße mündete in ein Delta von Kiespfaden. Da hinten in der weißen Wolle des Herbstlichts war das Haus, in dem er wohnte, und da war Lea. Die Wohnung und Lea in einem andern, unbekannten Licht, heute nicht wie sonst von Er-

wartung und Gewohnheit für ihn zurechtgemacht, ganz und gar neu und überraschend würde er alles antreffen. Er spürte, daß er das eigentlich lieber nicht wollte.

— Nein, flüsterte sie. Mir fällt grad ein, ich hab noch was vergessen. Ich hätte unten was zu tun, wirklich.
— Bittebitte, nuschelte Julians Stimme, noch ganze drei Stunden, denk doch.
— Morgen, sagte sie.
Während seine Küsse ihre Schläfe abstempelten, fragte sie sich, ob sie sich aufraffen könnte.

Das wollte er Lea erzählen, denn das würde sie wohl auch noch nicht wissen: vier Häuser weit weg von ihrer Wohnung hatte ein Zahnarzt seine Praxis — wie günstig und wie beruhigend.
Er lächelte mit dem steifen aufgesperrten Mund, in dem die weichen stillen Finger des Arztes hantierten; er fühlte sich besänftigt, dachte mit so viel Wärme an die kleine liebe Lea.
— Es hatte schon gar nicht mehr wehgetan, sagte er und betrachtete das bräunliche träge Rinnsal, das er in den Spülnapf gespuckt hatte. Komisch, ich hab's schon gar nicht mehr gespürt. Aber wie gut war es, daß er doch nicht einfach geschwänzt, mit Lea sich einen netten freien Nachmittag gemacht hatte: der Zahn war so faul, so faul!

Sie fuhr auf: sein Schlüssel klickte gegen das Schloßblech. Dann setzte sie sich wieder sanft, still zurecht;

und so fühlte sie sich ja auch, es war keine Pose: sanft und still mit dem Schal, den sie für ihn strickte. Sanft, still, ein bißchen enttäuscht: fünf nach halb sechs — nicht früher und nicht später als sonst.

Er blickte gerührt auf den körnigen Schimmer über ihrem Haar: das friedfertige Lampenlicht seiner Ehe. Ein warmer Mantel der Gewohnheit, sacht um ihn gedeckt. Wie töricht war vermutlich seine Unruhe! Vermutlich! Er legte sich tief in den Sessel, sanft, still, ein bißchen enttäuscht. Sie lächelten sich zu.

VOR DER HOCHZEIT

— Ja und eigentlich, wenn ich's so überlege, möchte ich hier gar nicht mehr weg. Sie sah mit halboffenen Lippen von einem zum anderen; in die aufgerissenen Augen legte sie das Erstaunen, das sie von den Verwandten erwartete.
— Aber was, sagte Tante Rosie; ein mißbilligendes Lachen kam langsam herauf aus den molligen Gewinden ihrer Kehle. Das Alter hatte Ringe ins weiche Fleisch gelegt.
— Na ja, verteidigte sich Fanny, hier ist es so schön warm und so und alles kennt man.
Neben ihr kicherte Libeth, ihre mageren Schultern zuckten in kleinen Schüben nach vorne.
— Na sag das ihm mal nicht, warnte Onkel Groß.
Ihn nannten sie nicht beim Namen, weil er so riesig war. Sie fanden es daher originell, ihn als „Onkel Groß" zu bezeichnen.
— Och. Fanny schmollte, aber rot war sie doch geworden.
— Na das versteh ich alles nicht. Einen vernünftigen Grund muß sie doch haben, wenn sie sagt, daß sie ihn lieber gar nicht heiraten möchte, rief Tante Rosie.
— Hat sie eben nicht, knurrte der Onkel und griff nach dem Bierglas, tauchte ein mit dem erzürnten Mund in den wabbernden Schaum.
— Du liebst ihn doch noch? fragte Tante Rosie sanft,

neugierig. Sie streckte den Oberkörper ein wenig vor, senkte das Strickzeug.
— Na klar, sagte Fanny und wurde wieder rot.
Libeth kicherte und schniefte ein glasiges Klümpchen Schleim aus dem rechten Nasenloch. Heller feuchter Schandfleck; sie kratzte ihn weg, schmierte ihn ins Taschentuch, kicherte langsamer.
— Also, triumphierte Tante Rosie. Also kannst du auch nicht lieber hierbleiben wollen. Das ist doch logisch. Befriedigt nahm sie das Strickzeug wieder zwischen die ruckenden Finger.
Fanny starrte auf den dicken braunen Wollfaden, der ins rötliche Fleisch des zweiten Fingerglieds einschnitt: eine tiefe dunkle Furche im weichen Speck.
— So hab ich's ja auch nicht gemeint, sagte sie trotzig.
Aus der Dose nahm sie einen Keks, schob ihn nachdenklich in den schmalen Spalt ihrer Zahnreihen, zerbiß den bröckelnden Teig.
Die fremde Wohnung. Wenn es draußen dunkel wird. Der Abend ist das schlimmste. Sie wußte nicht, wie sie es ihnen sagen sollte.
— Für kein junges Mädchen ist das einfach am Anfang, sagte Tante Rosie gemütlich. Hab auch Angst gehabt davor. Die Männer sind halt eine andere Sorte Mensch, das ist mal so.
Fanny und Libeth saßen steif; die Herzen krampften sich ein in der Spannung. Onkel Groß raschelte leise mit den dünnen Seiten seiner Zeitung.
Seine Hände. Und alles, was er sagt, ist so komisch.
— Ich meine halt, daß ich ihn vielleicht doch nicht gut

genug kenne, sagte Fanny dünn.
— Nein nein, das ist es nicht, unterbrach die Tante. Glaub mir, ich hab mich auch nicht getraut am Anfang. Ein paar Tage vorher hätt ich mich am liebsten davongestohlen genau wie du. Sie strickte rasch und unbeklommen.
— Aber bei dir war's doch anders. In Fannys Hals saß etwas, das ihre Stimme schwer und träge machte.
— Na wieso wohl, rief Tante Rosie und legte das Strickzeug in den beutelnden Kleiderstoff zwischen den Schenkeln. Mich hat auch vorher noch kein Mann aus der Nähe gesehn.
Libeths Schultern zuckten; tonlos kicherte sie Angst und Wißbegierde aus der leise schnaufenden Nase.
— Aber Onkel Groß war einer wie du oder dein Vater, er war nicht so anders, sagte Fanny.
Durchs hellrosa Fingerfleisch zog sich der Faden. Die Tante nahm ein bißchen gekränkt die Handarbeit wieder auf.
— Wenn er was sagte, kamst du dir nicht dauernd vor wie ein dummes Schulkind, sagte Fanny.
— Sei froh, daß du so einen Feinen hast! rief Libeth und prustete los.
Tante Rosie petzte ihre beleidigte Geringschätzung in zwei Fältchen um die Mundwinkel.
— Er ist ganz anders, murmelte Fanny.
— Das mußt du ja schließlich schon früher gemerkt haben, sagte Tante Rosie schnippisch. Vor ihren Augen verschwamm das dunkelbraune Bild der hüpfenden Maschen: den edlen blaublütigen Schloßherrn, den ich

nicht gekriegt habe. Mein Leben lang davon geträumt für was? Sitz und strick Stulpen für den durstigen Trottel da, der nichts Besseres ist als ich und all meine Vorfahren. Behagliche, ein wenig übelnehmerische Zuneigung füllte ihr weiches Fleisch und wärmte es. Die alberne kleine Person, anstatt froh zu sein. Ach du liebe Zeit. Architekt. Ihr schläfriges Herz wachte auf, bumste schneller. Meine Güte — ein Architekt. So ein Dusel. Aus der Ecke dampfte der kleine Eisenofen seine Hitze ins Zimmer. Fanny rieb sich die bitzelnde Achsel.
So ein Ofen und ein bißchen Bier, Kekse. Bei ihm krieg ich keinen Bissen runter. Wenn's dunkel wird. Was sag ich nur in all den Stunden. Immer wieder was sagen, was wissen.
— Die feinen Möbel, die der hat, schnaufte Libeth. Mensch, so eine Wohnung. Da wirst du noch eine ganz Eingebildete werden.
— Ach wo, sagte Fanny stolz und furchtsam.
— Das ist ja bloß was Äußerliches, behauptete Tante Rosie.
Ihre niedergeschlagenen Lider vibrierten gewissenhaft. Auf den Kern kommt's an. Ob er einen guten Kern hat. Geld macht nicht glücklich.
— Das kannst du mir mal schriftlich geben, brummte der Onkel hinter der Zeitung. Ich leg dir's dann vor im Bedarfsfall.
Die Mädchen lachten, auch Fanny, sie streckte sich ein bißchen und fühlte prickelndes Wohlsein in den Gliedern; die Tante schüttelte den Kopf, abwehrend und geschmeichelt.

— Ich sag ja nicht, daß Geld was schadet. Sie dehnte den Vokal, zeigte eine blasse fette Zunge.
Libeth keuchte:
— Allerdings nicht!
— Aber Geld macht mir keinen Menschen sympathisch, nein, das bestimmt nicht. Sonst hätt ich mich ja auch sicher nicht mit dir vergriffen! Die Tante warf das Kinn hoch: eine Röte der Selbstzufriedenheit überflammte ihr sattes kleines Gesicht.
Libeth kauerte sich in den Sessel, das ruhelose unvergnügte Lachen hockte noch in der Kehle.
— Wenn's dir langweilig wird mit ihm, kannst du ja mich holen, damit du mal ein gewohntes Gespräch führen kannst. Sie schwieg und wartete lauernd, und als von der Cousine keine Reaktion kam, sprach sie weiter, sie redete so vor sich hin, geradeaus weg von den unsteten Lippen: Ich geh gern hin in seine feine Wohnung, geh gern über die dicken Teppiche. Man hört sich gar nicht. Und die verrückten Bilder, ich seh sie gern. Und überhaupt. Die guten Anzüge, ich hab's gern, wenn einer Geld hat, ich hab's gern.
Fanny hörte sie nicht mehr. Sie sah den Mann. Ich würde lieber als sein Dienstmädchen mit ihm zusammensein. Wenn einer Geld hat, riecht er gut und lacht und redet komisch, das kommt wohl von der Bildung. Ich heirate ihn, kenn ihn gar nicht, die andern tun's auch und nennen's Glückhaben. Die Erni, die sich ihren Chef geangelt hat. Konnte so tun, als wär sie wie er.
Sie fror ein bißchen in der hellen fremden Wohnung, in der sie sich gesehen hatten. Sie kehrte zurück in das

heiße kleine Zimmer mit dem penetranten Geruch von vier schwitzenden Körpern und Bier.

— Nein, wegen Geld und so soll sie ihn nicht heiraten, sagte Tante Rosie. Das soll keiner denken, daß wir sie, weil er reich ist, mit ihm verheiraten wollen. Wo wir doch die Verantwortung haben. Geld hat noch keinen selig gemacht.

Hier bleiben. Hier bleiben und abends keine Angst haben. Schwitzen und ohne Angst schläfrig werden, im Bett neben Libeth den dumpfen Tag zuende bringen. Seine Hände, seine ausgestreckten Beine, wenn er auf der Couch liegt. Die Krawatten. Sein Wäscheschrank riecht nach Parfüm. Die Socken, aus was sind sie nur, er trägt am liebsten schwarze.

— Du liebe Zeit, ich muß ja weg, rief Fanny hastig, stand auf, zupfte am Rock.

— Na was denn, was ist denn? rief Tante Rosie; das ledrige Gesicht von Onkel Groß starrte über den Rand der Zeitung; Libeth drehte sich um, ein zischendes Kichern deformierte ihre Mundpartie.

— Ach ich muß ihm ja noch was bringen, sagte Fanny.

Warum scheppert die Stimme so. Wenn er mich, du liebe Zeit, die schwarzen Socken an seinen Beinen.

— Jetzt noch, in der Nacht? sagte Tante Rosie; ihre kleinlich gesenkten Lippen hießen es nicht gut, ganz und gar nicht.

— Bleib wo du bist, sagte Onkel Groß gemächlich, kniffte eine Zeitungsfalte nach außen, bog die Seiten um.

— Er wartet ja drauf, sagte Fanny, du meine Güte, ist ja noch keine zehn.

Der Teppich und die saubere Tapete, abends ist es am schlimmsten, so viel Platz auf der Couch, hat er gesagt.
— Na schön, sagte Tante Rosie, dann geh los, aber bleib nicht so lang. Und denk dran, was ich dir gesagt habe. Wenn du lieber hierbleiben willst, kannst du's ihm jetzt mitteilen. Wir zwingen dich nicht, weil's vielleicht eine gute Partie wär oder so. Das soll keiner denken.
Fanny stand an der Tür; von da aus sah sie den dunklen Strich, die brennende Rinne im speckigen Fingerfleisch der Tante; sie sah den braunen Wollfaden gleiten, langsam und stetig.
— Jaja, sagte sie und wandte sich ab. Die Klinke war kühl und vergeßlich.

DER MÖRDER

Als er das Kreischen der Holzräder hörte, blickte er nicht auf. Es genügte ihm, die roten Staubsträhnen am Boden näherkommen zu sehen, die fächerfeinen Schwaden, die leise über seine Zehen strichen. Er atmete kaum; auf seinen halbgeschlossenen Lidern lag eine körnige Sandschicht.
Sein hellbrauner Bauch, der sich leichter als gegerbte Schafshaut von der kühlen Klinge spalten ließ. Sein helleres Blut, das rascher floß. Meine Freiheit.
Langsam kratzte er hin und her mit dem nackten Rükken an der splittrigen Holzwand der Hütte. Seine Hand tappte in die trocknen Büschel. Er zupfte ein wolliges Blatt ab und zerrupfte es. Mit gewissenhafter Genauigkeit aber pflückte er dann die gelben Dolden und entfaltete sie, Blatt für Blatt.
Das Kreischen kam ganz nah und er hörte den Atem der Tiere, er spürte diesen warmen feuchten Geruch vor den Nasenlöchern. Mattes, tonloses Geräusch der Hufe im Staub, wie einschläfernde Synkopen.
Seine Eingeweide, die er zwischen den Büscheln und den Kakteen verlor, ausspuckte, die Fleischfetzen schlappten, schwere sterbende Tücher aus Haut.
Er stand auf, langsam; gegen die Fersen stemmte er sich und fand mit den Händen Halt in der Stengelwolle.
— Wo ist der andere? fragte der Mann am Karren.

Er näherte sich mit gekrümmtem Oberkörper den schnaufenden Tieren und hielt die trockengebrannten Hände dicht vor ihre porigen Mäuler, zwischen den wulstigen Lippen saß gelber Schaum, hing zäh.
— Da drüben, sagte er, hob den Arm und richtete ihn, lang ausgestreckt, wie einen Wegweiser in die schwarz- und rotgefleckte Ferne, bei den Felsen.
Seine Augen sahen nicht auf: der Sand drückte auf die müden Lider. Seine gekrümmte Haltung sah nach Preisgabe und Widerstand aus.
Der Mann am Karren trat vor ihn.
— Was hast du mit ihm gemacht? Die Stimme war dunkel und nicht drohend.
Er sagte nichts. Sein Arm zeigte noch in die Richtung, hatte sich kaum gesenkt, nur die Hand hing herunter und die schlaffen Finger deuteten in den Staub: ein roter Ausschlag zwischen den Büscheln. Der Mann stand sehr nah vor ihm, er roch den Schweiß in den Hautfalten des andern.
— Zeig mir, wo er ist. Wo du ihn hingebracht hast. So hab ich's nicht gemeint. Die Stimme war jetzt hart, jedes einzelne Wort ein kleiner harter Stein, schnell und gefährlich.
— Du kannst ihn ja suchen. — Nochmal hob sich sein Arm und streckte sich über die grasige Fläche, schien sich ins Unendliche zu längen: die geraden Finger tippten gegen den zuckenden weißen Horizont.
— Sie sind schon unterwegs, sagte die kieselharte Stimme. Sie durchlöcherte sein dämmriges Bewußtsein: fünfhundert Belohnung!

— Gemeiner Hund. Es kam kein lebendiger Ton aus seiner Kehle. Unbeweglich stand er da. Er spürte das böse müde Weggehen des anderen. Jetzt ließ er den Arm fallen und ging in die Richtung, die er angegeben hatte. Er sah nicht auf, sah unter sich in die versengten Schöpfe, er sah den Füßen zu, wie sie alles zertraten, wie sie die roten Blüten zerstörten, die Ranken zerrissen. Sein Körper steckte fest in der Glut. In sie eingepackt ging er zu den Felsen. Auch jetzt brauchte er den Blick nicht zu heben, ließ die sandigen Lider hängen. Er fand den zerschlitzten Leib, das krustige Blut auf den rissigen schwarzen Spalten. Er setzte sich auf den Stein und legte den Kopf zurück, nah bei der Leiche.

Seine Augen sahen hinter den Felsrücken die kahle gefleckte Ebene, die gespreizten Arme der Kakteen: wie mächtige Leuchter ohne Kerzen.

DIE KETTE

Jetzt, nachdem es vorbei ist, steht fest, daß wir die Ferien dieses Sommers nie vergessen können. Noch nicht fest steht, ob wir auch im nächsten und übernächsten Sommer unsere Ferien in Gitter verbringen wollen. Wir haben schon Dezember, es trennen uns bereits mehr als vier Monate von diesem Sommer, der heiß und schwül war, in dem kein Regen fiel; mehr als vier Monate Unschlüssigkeit. Es kann aber trotzdem sein, daß wir wieder nach Gitter gehen, fast halten wir es für wahrscheinlich. Wir: das heißt, Eveline und ich.
Im bewußten Juli hatten wir Gitter um die Mittagszeit erreicht, aber das Essen war schon vorbei. Wir bekamen ungünstigere Zimmer als im vergangenen Jahr und im Jahr davor. Wie immer wies Wally sie uns zu, wie immer war er sehr nett und munter. Ja, es war unser drittes Jahr in diesem Gästehaus der Erlebnisgemeinschaft, über die wir uns lustigmachen und an deren Feriengruppen wir uns doch immer wieder gern beteiligen. Wahrhaftig, wir sind Mitglieder geworden. Es ist uns etwas peinlich und wir begründen es damit, daß es erholsam sei, sich vierzehn Tage lang lustigzumachen. Wir beide vertragen uns gut, auch jetzt noch, hinterher, wir haben uns immer gut vertragen, vermutlich, weil wir in den meisten Punkten sehr verschieden sind und in dem

einen so einig: nichts mehr besonders ernstzunehmen. Dieser letzte Punkt ist der wichtigste, wir wissen aber beide nicht, wie wir ausgerechnet mit ihm fertigwerden sollen nach diesem Sommer.

Ich hatte natürlich die Kette an. Weil das Mittagessen schon vorbei war, gingen wir zum Fluß in Richtung Hütte. Wir trafen aber den Invaliden nicht. Wir starrten hinüber ans andere Ufer, starrten die Hütte an, er aber ließ sich nicht blicken. Seine Worte vom letzten Sommer gingen uns wieder im Kopf herum: Wenn ich überhaupt noch irgendwas wollte, wär's diese Kette. Es wäre das einzige, worauf ich überhaupt noch scharf sein könnte. Mit der hätte ich allerlei vor.

In unseren ungünstigen Zimmern ging der Blick nach Norden auf den Wirtschaftsteil und auf den Hof zwischen ihm und der rechten Flanke des Gästehauses. Dort bei den Waschtrögen, dort zwischen den Serviererinnen – den hübschen Ausländerinnen, die der Sprache wegen jeden Sommer diesen Dienst tun und nie verheimlichen, daß er eine Herablassung bedeutet – dort entdeckten wir sofort die Neue, die Hübscheste, die etwas schlampig aussah, die wir sofort nicht leiden konnten, die uns später beim Servieren des Tees nicht recht war, uns am Flußufer störte, beim Abendessen zur Last fiel, so daß wir uns während des Abendspaziergangs einen Namen für sie ausdachten, einen, der ihre negativen Merkmale traf, einen, der die lange Nase und den hervortretenden Oberkiefer meinte: Tapir.

In der Pause des Abendprogramms, das damals, an jenem 8. 7., alte Tänze und „Aussprache für die Herren"

vorsah, sagten wir den Namen weiter: zuerst Wally, dann seiner Frau Hilda, dann Lissi und schließlich David und den andern; sie waren einigermaßen einverstanden, lächelten auch, hatten aber bei weitem nicht so viel davon wie Eveline und ich, da alle Erlebnisgemeinschaftler sehr versessen sind darauf, nichts Ungünstiges über andere Leute zu sagen. Wie in den beiden vorigen Jahren, nach pünktlicher Beendigung des Abendprogramms um elf Uhr, suchten wir selbstverständlich nicht wie die anderen unsere Zimmer auf, sondern gingen wieder an den Fluß und hielten nach dem Invaliden Ausschau. Und selbstverständlich hatte ich die Kette an.

Wir haben unsere Gitter-Unterhaltung geführt, die darum ging, ob wir nur des Invaliden wegen wieder ausgerechnet hierher gefahren waren, an den bewegungslosen Fluß in seinem ockerfarbenen Sandbett: wir wissen, daß es reizvollere Ferienplätze der Erlebnisgemeinschaft gibt. Oder ob es die Gewohnheit war — wir sind beide ein bißchen bequem. Und wenn es der Invalide war, ging dann von ihm selbst diese Anziehungskraft aus oder von seiner nicht ganz geheuren Geschichte, die sich alle hier im Umkreis erzählen? Auf der Südseite des Flusses hat der Invalide sich in der Hütte vergraben, die angeblich ganz komfortabel ist, wer aber weiß das schon, niemand wurde je eingelassen. Bis zu jenem Sommer, bis zu jenem Juli mit Tapir. Allen war er unheimlich, manche hielten ihn für einen Verbrecher und tun das wohl heute noch, weil sie zu vieles in dem Drama mit seiner Tante — wenn das überhaupt seine Tan-

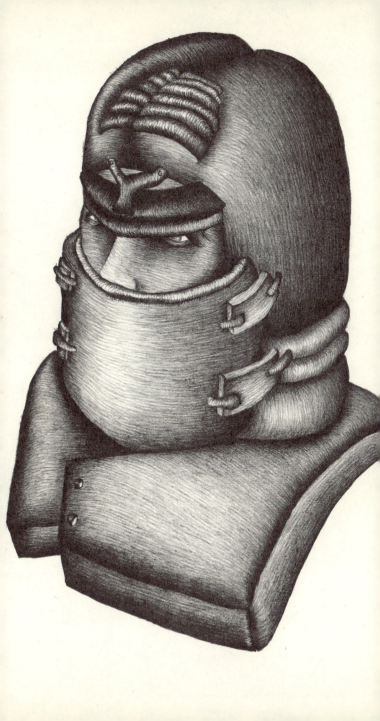

te war — nicht glauben können. Mit dieser sogenannten Tante hat er früher zusammengelebt, nicht in Gitter übrigens, er hatte sie wohl sehr gern, er konnte ihren Tod nicht ertragen und verheimlichte ihn; er war eines Tages nach Haus gekommen wie immer, wollte mit ihr essen und reden wie immer, und sie lag tot auf dem Bett, hatte alles für ihn gerichtet, Essen, Trinken, und sogar die Karten für ihre rituelle Zankpatience gemischt. Wochenlang hat sich dann der Invalide von aller Welt nach dem „Fräulein" ausfragen lassen, gab keine Auskunft, gestand endlich, sie sei in der Wohnung, aber müde, und dann fand man sie, die Tante — wenn sie nicht sonstwer war —, die alles hinter sich gebracht hatte, Leben, Sterben, Totenstarre, Verfaulen, alles im Beisein des Invaliden, der mit ihr Karten spielte, als man sie aufstöberte.

Als Eveline und ich ihn entdeckten, im ersten Jahr, betätigte er sich als Erzsucher, das heißt, er ging mit einem Geigerzähler durch die Landschaft und prüfte die Äkker der Umgebung. Die Besitzer haben ihm das nie verziehen, was eigentlich: daß er sich überhaupt mit ihren Böden befaßte oder daß er aus ihnen herausbrachte, wie nutzlos sie waren? In diesem ersten Jahr kamen wir nicht mit ihm ins Gespräch, wohl aber hatten wir gemerkt, wie er uns anstarrte. Besonders mich starrte er an, besonders meine Kette! Im zweiten Jahr war er ohne Beschäftigung. Abend für Abend saßen wir ihm in der „Strand-Rose" gegenüber, und an einem Abend, der heiß und schwül war wie die meisten Abende an diesem Fluß, war genug Bier in ihm, er berief sich auf

die Kette und sprach uns an. Zu uns beiden ist er damals fast zärtlich geworden, später tat er aber wieder wie ein Fremder, doch redete er von da an mit uns.
Erinnere ich mich an die Kette, an ihre pupillengroßen Glaskugeln? Das Irisieren, das vom Licht abhing, war es: der Invalide sah es, ich konnte es nicht sehen, da die Kette eng um meinen Hals schloß. Eveline fiel es nicht so auf, da sie immer neben mir ging oder stand oder lag. Am 8. 7. nach dreiundzwanzig Uhr in der Nähe des betonierten Anlegers trafen wir ihn. Eveline wies auf meine Kette hin. Wir sind nie eine auf die andere eifersüchtig gewesen.
— Drehen Sie sich nach links nach dem Bootshaus zu, sagte er.
Das Licht fiel auf die Kette. Er lobte sie mit seiner Stimme, die zu hoch war wie jedes Jahr, die sich verstellte, um nicht zu bitter zu sein. Immer noch, jetzt noch im Dezember, sehe ich uns drei dort am Fluß.
Wir waren äußerst zufrieden. In unseren ungünstigen Zimmern waren wir äußerst zufrieden. Doch am nächsten Morgen bediente an unserm Tisch, dem sie zugeteilt war, die Hübsche, die Tapir. Bis zum entscheidenden 18. oder 19. mußten wir viermal täglich — die Erlebnisgemeinschaft läßt von ihrem Tee nicht ab — die Tapir kommen und gehen sehen, mußten viermal täglich ihre aufsässige angenehme Stimme hören, ihre nicht aufs Erlernen der Sprache bedachte Stimme: das konnte sie uns nicht weismachen, daß sie wie die andern hübschen Ausländerinnen der Sprache wegen sich an diesem Fluß erniedrigte. Aber weswegen? Wären

wir doch schlauer gewesen. Argwöhnischer, aufmerksamer. Eveline und ich redeten während jeder Mahlzeit vom Invaliden, viermal am Tag konnte die Tapir uns über ihn reden hören. Bis zum 18. oder 19. war es der Tapir möglich, konnte die Tapir nicht umhin, unsere Reden über den Invaliden zu hören und dabei unsere Augen zu sehen, unsere Lippen, unsere fahrigen Bewegungen. Und die Kette zu sehen: Tapir war gegenüber, sie sah das Irisieren.
Ja, der 18. oder 19. 7. kam, ein schwüler Tag ohne einen Tropfen Regen, der Abend dieses Tages kam. Es war nach der sogenannten „kleinen Verdauungsspende", die sich stets ans Abendessen anschließt. Eine der Damen geht mit einem Teetäßchen, aus dem nie getrunken wird, von Platz zu Platz, eine Dame, die auf Kleingeld aus ist. Regen stand unmittelbar bevor, Doris besorgte die Spende und war erfolgreich. Über einen Besuch im Theater, wo sie den „Rodrigo" gaben, wurde beraten. Vorgesehen war außerdem „Aussprache für die Serviererinnen". Meistens ging es um Wäsche oder um einen freien Tag, es kam ihnen aber mehr auf die Sprachpraxis an. Nur Tapir, der Hübschesten, der Verdrossensten, nicht, sie faßte sich kurz. Ihre Aussprache war schlampig. Es war der Abend, an dem wir erfuhren, worauf Tapir es abgesehen hatte. Sie sagte:
— Ich hätte was sehr Persönliches. Ich liebe diesen Invaliden. Ich möchte mich morgen mit ihm verloben, ich nehme an, daß er mich morgen fragen würde, falls ich mir diese Kette ausleihen dürfte. Ich bitte um einen freien Tag.

Die sehr wohltätigen Erlebnisgemeinschaftler erfüllten sofort ihren Teil des Wunsches, obwohl sie die Tapir warnten: die alte Geschichte mit der Tante kam wieder zur Sprache, doch blieb die Tapir fest. Eveline oder ich, eine von uns beiden, wir wissen es wirklich nicht mehr genau, erfand sehr schnell eine zweite, ähnliche Geschichte mit einer verheimlichten Toten. Der Invalide sei vielleicht nicht ganz normal. Es machte keinen Eindruck auf die Tapir. Als Mitgliedern der Erlebnisgemeinschaft war es uns nicht gut möglich, die Kette zu verweigern. Wir hielten uns an die Satzung und versprachen sie der Tapir für den nächsten Morgen. Dann, als wir allein waren in unseren ungünstigen Zimmern auf den Hof, hatte eine von uns — welche von uns — den Einfall. Diesen glänzenden, diesen todtraurigen Einfall. Ja: wir bastelten die halbe Nacht an der Kette herum, verzichteten auf den Abendgang, auf den abendlichen Invaliden, auf den Schlaf. Wir konnten der Tapir nicht glauben, daß der Invalide ihr seine Hochnäsigkeit geopfert hatte, nie waren sie uns zusammen begegnet. Aber wenn da was im Gang sein sollte, wollten wir es verhindern.

Es war schwierig, die Kettenschnur, nachdem sie zerschnitten war, so gut und so schlecht wieder zusammenzuknoten, daß sie unweigerlich aufplatzen müßte. Das würde einfürallemal der Tapir unseren Invaliden wegnehmen: alle Kugeln sollten auf dem Flußstrand zerspringen, in den wir in derselben Nacht noch mit allen blauen Steinen, die wir finden konnten, das Wort TAPIR legten.

Der gelbgrüne Fluß, der rötliche Strand. Auf den blauen Tapirbuchstaben stand Tapir und hatte die Kette an. Eveline und ich im Versteck, hinter dem Betonschutz des Anlegers. Quallen im Fluß. Und dort, heranschlendernd, der Invalide. Meterweit von der Tapir entfernt blieb er stehen. Sofort bestätigte sich unser Verdacht: diese beiden hatten noch nie ein Wort miteinander gesprochen. Und nun lernten sie sich kennen, dank der Kette, dank uns, dank Tapirs List. Sie standen da am Fluß, fingen an, sich langsam mit Quallen zu bewerfen. An diesem 18. oder 19. sahen wir das Irisieren der Kette zum ersten Mal, aber der Invalide sah es wie immer, wie früher, wie von jeher, aber dieses Mal und zum ersten Mal auf Tapirs Haut. Tapir, die aufhörte, Quallen zu werfen. Tapir, die sich an ihrem Hals mit der Kette zu schaffen machte. Der Invalide, der zusah. Eveline und ich, die zusahen. Tapir auf den Buchstaben TAPIR, Tapir, die den Verschluß öffnete und die meine, unsere, des Invaliden Kette nahm und auf die Steine warf, so daß alle Kugeln zersprangen. Der Invalide ging auf die Tapir zu. Sie vereinigten sich zu jener Trickaufnahme, die wir heute, nun im Dezember, nach wie vor als Umarmung bezeichnen müssen.

Wir haben allzuvieles nicht herausbekommen: ob die Tapir uns auf die Schliche gekommen war? Warum sie die Kette hinwarf? Wieso der Invalide nicht in Wut geriet? Was sich auch verbirgt an unleidlichen Geheimnissen: wir selber, Eveline und ich, haben geholfen, diesen 18. oder 19. 7. zu Tapirs Verlobungstag zu ma-

chen. Am Abend, an dem die Hitze sich gleich blieb, an dem die Schwüle ihrer selbst sicher war, an dem Regen unmittelbar bevorstand, mußten wir mit den andern Erlebnisgemeinschaftlern der Tapir gratulieren, mußten die Tapir Anne oder Annelie oder so ähnlich nennen. Wir gingen noch nach dem Abendprogramm an den Strand, suchten unsere blauen Buchstaben auf, trafen den Invaliden, der fast zutraulich war, der uns in die „Strand-Rose" bat, dem wir nicht folgten, weil hinter der Anlegerbrücke Anne oder Anne-Bell oder wie sie hieß auftauchte. Auf den Buchstaben blieben wir zurück, wir sammelten die Scherben der Glaskugeln, Trümmer, die sich am andern heißen und schwülen Morgen als Strandkiesel erwiesen.

In den unschlüssigen Monaten vom Juli bis jetzt konnten wir uns noch nicht darüber klarwerden, ob wir wieder nach Gitter gehen wollen. Manches spricht dagegen: diese Hitze dort. Dieser langweilige Fluß. Wir wissen noch nicht, ob wir wieder hingehen. Wahrscheinlich nicht. Da wir immer ein bißchen hinterherhinken, bekämen wir unter Umständen wieder diese ungünstigen Zimmer nach Norden, auf der rechten Flanke, dem Hof und dem Wirtschaftsteil gegenüber.

DER SCHWAN

In diesem Sommer war die Hecke vor dem Zimmer, das sie mit Anna teilte, mannshoch geworden. Auch der neue Schrank verstellte einen Teil der Sicht aus dem winzigen Fenster, wenigstens von dem Bett aus, in dem sie schlafen mußte, weil Anna und die ganze Familie darauf bestand, es wäre das Bett, in dem sie jedes Jahr geschlafen habe. Das Meer war in diesem Sommer nicht besonders groß. Die Sandbank war sehr weit vorgerückt und es schleppte sich nur noch eine faule flache Brandung heran; daran lag es wohl auch, daß ihr Haar nicht mehr vom Baden steif und schön wurde, es kostete sie Überwindung, den Kopf in das wurmige Wasser zu tauchen. Und ihre Füße hatten wenig Spaß am Sand. MILENE IST MÜRRISCH. DER SOMMER IN DEM MILENE VOM ERSTEN BIS ZUM LETZTEN TAG SCHLECHTE LAUNE HATTE. Beim Frühstück schnitt sie ein Gesicht, das die andern glauben machen sollte, sie hätte von Hermann geträumt. Sie verstand ihr Gerede, doch fragte sie jedesmal nach einer Pause, mit der Andeutung eines Seufzers: Wie bitte? Hast du mich gemeint?
Aber das Schlimmste war die Sache mit dem Schwan. Jeden früheren Sommer hatte er sie erkannt. Nach der Ankunft, wenn das Abendessen vorbei war — währenddessen sie alle nur vom Schwan gesprochen hatten —,

waren sie, Vater und Anna, Artur und das Kind, sie selber und die Mutter hinterher, noch mit feuchten Spülhänden, an den Fischteich gelaufen, die kurze Strecke, die zu lang erschien. Sie selber bald an der Spitze, immer sehr gespannt, aber niemals unsicher. Und immer hatte der Schwan sie erkannt. Allen war es unheimlich: nur sie, nur Milene, blickten die schrägen geschliffenen Schwanaugen an. Auf sie glitt er zu, für sie ritzte der dünne Keil sich ins trübe Wasser, für sie schreckten die winzigen schwarzen Fische nach links und rechts weg, um das lautlose Dreieck der Schwanenspur nicht mit ihrem belanglosen Hin- und Herflitzen zu stören.

War jetzt auch der Schwan ihr Feind, wie jeder und wie alle in diesem Sommer? Stellte er ihr Ansehen bei der Familie infrage? Mürrisch: das wollte sie jetzt sein. ACHTUNG DA GEHT MILENE KOMMT IHR NICHT NAHE. MILENE MIT DEM HERMANNGESICHT. ICH HABE SEHNSUCHT NACH IHM UND IHR KOTZT MICH AN. Sie hatte sich darauf verlassen, daß der Schwan ihr beistände, daß er sie wie immer bevorzugte und dieses Mal außerdem Hermann und ihr rechtgäbe. Der Schwan und Hermann und sie.

Der Schwan wendete den Kopf von ihr weg — lächerlich angemaßt die Bedeutung, die dieser Geste zugesprochen wurde von der verblüfften, kreischenden, deutenden Familie. Der Schwan drehte seinen Hals, und sie nannten es sofort beim Namen: hoheitsvoll. Sie riefen: wie adlig, wie vornehm, wenn er seinen platten schwarzen Schnabel flach in den schlickigen Wasser-

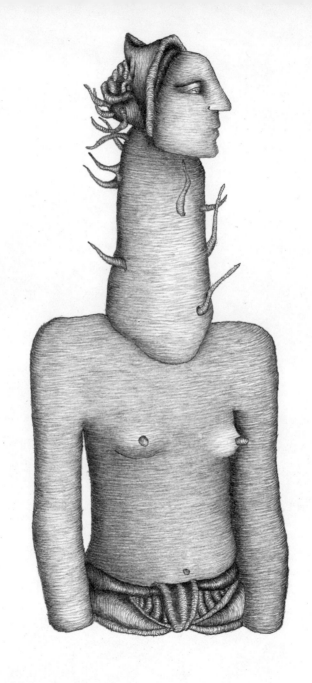

spiegel schob, um das abscheuliche Getier, nach dem ihm verlangte, durch den langen weißen Halsschlauch — wie edel, wie graziös, seht nur — zu schlingen und im fetten Wanst, dessen Schneeweiß man Reinheit nachrühmte, zu verstauen. Und sie riefen: Sieh nur, Milene, er ist abweisend! Er beachtet dich nicht. Der Schwan platschte ans Ufer, schamlos, verlor seine herrschaftliche Anmut, zeigte ungeniert die stämmigen warzigen Beine und die schwarzen Plattfüße und den feist vorgewölbten Bauch, jetzt sah er wirklich menschlich aus, wie einer, den Freßgier deformiert hat, aber sie stellten das keineswegs fest, sie riefen: Wie herrlich weiß. Und: Milene, er mag dich nicht mehr, ist das nicht komisch? In seinem flohigen Gefieder knabberte er herum, manchmal sah er sie an: mit einem verschlagenen Ausdruck. Die Familie ließ nicht locker, sie fand es lustig, der Vater sagte mit der gutgeschmierten Urlaubsstimme in das Johlen des Kindes: Das wird bis zum Schluß durchgetestet. Der Sache wird auf den Grund gegangen.

Milene warf ihre Handvoll Brötchenbröckel als erste auf die schlammige Lände des Schwans zwischen die Kotkleckse: er nahm sie nicht. Während sie alle nach den Abendmahlzeiten am runden Tisch großes Theater darum machten, schrieb sie, eingekeilt zwischen Artur mit seinem gewürzigen Haarschopf und der schwitzenden Anna, dem großäugigen schmatzenden Kind gegenüber, großbuchstabig, damit sie es neben ihr und ihr gegenüber leicht lesen konnten, in den fingierten, endlosen Brief an Hermann: DIESE SACHE MIT DEM

SCHWAN DIE VOR ALLEM ÖDET MICH AN WIE DU DIR DENKEN KANNST. Langes deutliches ÖDET. Und: SCHWAN. SIE BENEHMEN SICH WIE DIE BABIES ES SIND DIE ÖDESTEN FERIEN DIE DU DIR ACH OHNE DEINE LIEBE OHNE DEINE HERRLICHE LIEBE LIEBE ... Immer wieder diese Buchstaben, rund und fett. LIEBE LIEBE SONST HIELTE ICH'S NICHT AUS! Wenn sie nicht an Hermann schrieb, saß sie herum mit dem Gesicht: SIE DENKT AN HERMANN. SIE WILL IHM SCHON WIEDER SCHREIBEN!
Aber es gelang ihr gar nicht, an Hermann zu denken. Sie bemühte sich sehr darum. Es gelang ihr nicht einmal abends oder morgens im Bett. Sie konnte sich nichts wünschen, konnte nichts hoffen, konnte sich nichts mit ihm ausmalen. Der Schwan, immer nur der Schwan. Der gleichgültige, höhnische, schreckliche Schwan. In diesem Jahr stand der Schwan ihr nicht mehr, in diesem Jahr hätte Hermann an seine Stelle treten müssen. In diesem Jahr watschelte der Schwan schließlich sogar bis vor die Haustür, bettelnd — doch fand die Familie nichts Entwürdigendes dabei, alle waren voll Entzücken; der Schwan patschte wie ein altes Weib da und dort hin, wo die Bröckel lagen, schnaufte unanständig — aber sie genossen es sehr und fotografierten: Anna mit dem Schwan, Artur mit dem Schwan ganz besonders dicht, das Kind und der Schwan beim Salatabfall, der Schwan spielt mit dem Vater Ringtennis, Mutter füttert den Schwan. Kein Ende der Motive.

In diesem Sommer ÖDE ÖDE OHNE DEINE LIEBE hatten Hoffnungen sich nicht erfüllt, zum Beispiel die: das Kind wäre endlich liebenswürdig und imstande, sich allein die Nägel zu schneiden. Oder die: Artur entschlösse sich, in der Sonne sein Hemd auszuziehen, seine weiße kropfige Haut zu zeigen. Oder die: der Vater wäre beim Essen nicht so neidisch auf die Fleischrationen der Kinder. Oder: Mutter und Anna würden weniger anzüglich sagen: Heut hole ich die Milch, laßt es nur gut sein ihr Lieben. NICHT ERTRAGEN OHNE DEINE LIEBE. Großes rundes Wort mit ausgeweiteten Oberlängen. Keine Hoffnung erfüllt. Anna und Artur links und rechts, am allabendlichen Familientisch, links und rechts Augen, Neugier, verlassene Familie. Der Schwan. Hätte der Schwan noch zu ihr gehalten, dann wäre sie der Familie nicht untreu geworden. Verratene, verlassene Familie. Jeder Tag verpatzt; jeder Tag, von dem der Vater abends wehleidig-vergnügt sagte: Zwar geben wir viel Geld aus, doch haben wir ja auch was dafür. VERGEUDET OHNE DEINE LIEBE!

Aber sie konnte nicht einmal im Bett abends und morgens an Hermann denken, so, wie sie es wollte: Sekunden zerdehnend, sie konnte es nicht, schon gar nicht morgens, wenn die Metallstimme des Kindes die Ritzen der Türen schneidend durchdrang. LAUTE UNRUHIGE FAMILIE — sie sollten es lesen, sie sollten es lesen, sie sollten endlich wissen, warum man sie verraten mußte. Die Metallstimme erzählte jeden Morgen den lügenverzierten Traum, jeden Morgen handelte der

Traum vom Schwan. Der Schwan gab keine Ruhe. Die Berichte über ihn drängten sich durch die Steppdecke, durch die Wachsverschlüsse in den Ohren, vorbei an Annas sanftem hartnäckigem Schnaufen, sie waren stärker als das Pulsen im mißmutig erwachenden Körper. Der Schwan, immer der Schwan, der sich der häßlichen, gleichmäßig lauten, meckernden Stimme des Kindes bediente. WIE EIN BABY MUSS MAN ES HÜTEN FETTES BLEICHES BABYGESICHT ES WEICHT NICHT VON DEN ERWACHSENEN VERFRESSEN IMMER EIN STÜCK KÄSE ZWISCHEN DEN FINGERN.

Morgens war es am unangenehmsten, morgens stand vor der Küchentür träge und unförmig der Schwan. Artur rannte den Hügel hinunter mit frischgepflücktem Gras, die Mutter füllte Wasser in die Blechbüchse und schob sie über die Fliesen und der Schwan hob den Hals, blies ihnen entgegen, patschte näher, senkte den platten Schnabel in die Halme und dann ins Wasser und schnaubte wie Anna, schmatzte, blinzelte seine Zuschauer an mit den knopfigen schwarzen Augen, die am Ende der dunklen Zeichnung seines Kopfgefieders schlecht erkennbar waren. MILENE ER FRISST UND FRISST SCHON SEIT EINER HALBEN STUNDE ETWA AUF DICH HAT ER NICHT GEWARTET.

In diesem Sommer zwangen sie den Schwan mit all der Fütterei dazu, zwei Schritte weg von der Küchentür die grünen spelzigen unansehnlichen Beweise seiner Verdauung abzulegen, und Milene, genau so gut – oder so schlecht — wie sonst jemand aus der Familie, mußte mit dem Spaten hinter dem friedfertigen Fresser her sein. In diesem Sommer erwiesen sich schillernde geheimnisvolle Edelsteine, die prächtig breit ins struppige Sandgras gebettet waren, beim Näherkommen als Kothaufen des Schwans, von denen der Diamantbesatz funkelnder Aasfliegen wegschwärmte; in diesem Sommer blieb der Sand klumpig, denn die Sonne wagte sich nie aus den schwülen Wolkenverstecken des tief auf die Dünen gesunkenen Himmels. Milenes Haar hing pappig über die Stirn, die mit Hermann und dem Schwan beschäftigt war. DIESE LIEBE ALLEIN ABER. In diesem Sommer gab es eine ganz andere Art von Quallen am Spülsaum, der selten bis zum Burgwall sich anschleppte, rostfarben, eine einheitliche langweilige Kette von Quallen, die in der Glut der immer versteckten Sonne brieten und das mittelmäßige Muster ihrer plattgerösteten Schirme für eine Weile in den Sand schrieben.

In diesem Sommer... Erst als er um war, fand Milene heraus, daß die Veränderungen und ihr Unbehagen daran sie befriedigt hatten. SIE IST EIN PESSIMISTISCHER TYP. So war es ihr recht gewesen, jetzt stellte sie es fest, jetzt am letzten Tag vor der Abreise, als sie alle es erfahren hatten AHA DES RÄTSELS LÖSUNG jetzt als ihre Hand noch heiß war vom beschwörenden Schütteln, Drücken SO WAS NA SIEHST DU MILENE ES WÄRE AUCH ZU SONDERBAR GEWESEN ALSO BITTE ... Jetzt, danach, beschämte es sie, ab und zu etwas wirklich Dramatisches beab-

sichtigt zu haben. Zum Beispiel: den Schwan umzubringen. Mit Gift. Oder mit dem Spaten. Jetzt, danach, trottete sie mit den andern, schwer vom Abendessen, den Weg hinunter zum Fischteich. Sie sahen den Schwan gleiten, im Keil seiner Spur kräuselte sich das mulmige schwärzliche Wasser, Milene stand inmitten der Familie. Es war schwül, auch der letzte Tag schwül und der letzte Abend schwül. Die Arme der Familie, Annas und Arturs eifrige heiße Hände lagen auf Milenes Schultern, das Kind redete auf sie ein, hinter ihr Vater und Mutter: sie war wieder aufgenommen, ihr Verrat war nichtig.
Die alles durchdringende Stimme des Kindes, blank und glänzend: Er sieht ja auch ganz anders aus. Viel größer. Der da ist viel größer. Ich hab's mir gleich gedacht, daß der hier ein neuer ist. GELIEBTER HERMANN ES WAR ZUM BEISPIEL AUCH NICHT MEHR DER SCHWAN VOM LETZTEN SOMMER DU SIEHST WIE ALLES SICH VERÄNDERT HAT O DIESE ÖDEN ÖDEN FERIEN. Das Kind rief: der war viel mickriger, der frühere Schwan. Der Vater lachte: Der war ja neurotisch, mit seiner Vorliebe für Milene! Alle lachten, alle nahmen Milene warm und lustig in ihre Mitte. Sie hielten sie fest in ihrer warmen unerbittlichen Anhänglichkeit. Sie sahen dem Schwan zu, er schien Genuß an seinem Vorbeizug zu finden. Stolzer Hals, hochgereckt, listige adlige Anmut. ALLES IST VERÄNDERT ... große fette runde Buchstaben für links und rechts, für gegenüber, für ringsum ...

KIRSTEN HAMMERSTRÖM geboren 1942 in Bremen-Vegesack. Von 1962 bis 1964 Studium an der Staatlichen Kunstschule Bremen. Anschließend Studium an der Pädagogischen Hochschule Bremen. Lebt in Hilden bei Düsseldorf. Mehrere Einzelausstellungen und Ausstellungsbeteiligungen in der Bundesrepublik und den USA.

GABRIELE WOHMANN geboren 1932 in Darmstadt, lebt dort. Studium an der Universität Frankfurt. Mitglied des PEN-Clubs. Ausgezeichnet mit mehreren Literaturpreisen, u. a. 1971 mit dem Bremer Literaturpreis. Zahlreiche Buchveröffentlichungen; Hörspiele, Fernsehspiele u. a.

In der Eremiten-Presse erschienen:

Mit einem Messer, 1958 unter dem Namen Gabriele Guyot, Neuauflage 1972 mit Graphiken von Günter Dimmer; Die Bütows, 1967 mit Graphiken von Walter Zimbrich; Von guten Eltern, Texte zum Eremiten-Kalender 1970; Sonntag bei den Kreisands, 1970 mit Graphiken von Heinz Balthes; Gabriele Wohmann liest Die Bütows, 1970 Schallplatte; Der Fall Rufus, 1971 mit Graphiken von Klaus Staeck; Übersinnlich, 1972 mit Graphiken von Klaus Endrikat; Habgier, 1973 mit Graphiken von Pierre Kröger; Dorothea Wörth, 1974 mit Graphiken von Heinrich Richter; Ein Fall von Chemie, 1975 mit Graphiken von Heinz Balthes; Endlich allein − endlich zu zwein, 1976 mit Graphiken von Anthony Canham; Böse Streiche, 1977 mit Graphiken von Hans Borchert; Das dicke Wilhelmchen, 1977 mit Graphiken von Maria Nandori; Feuer bitte!, Texte zum Eremiten-Kalender 1978.

Inhalt

So was von Warterei 5
Morgen bei Photo Hoss 11
Vor dem Gewitter 19
Beim Waschen 26
Streit 31
Imitation 43
Beim Bier 45
Bis übermorgen 49
Die Mauer 51
Immer durch den Wald 57
Liebe kleine Lea 59
Vor der Hochzeit 66
Der Mörder 73
Die Kette 78
Der Schwan 89

Alle Rechte vorbehalten, insbesondere das der Rundfunk- und Fernsehsendung.
© 1978 by Verlag Eremiten-Presse
Fortunastraße 11, D-4000 Düsseldorf 1
ISBN 3 87365 127 0
Satz: Ursula Pigge, Bad Homburg
Druck: Rolf Dettling, Pforzheim
Bindearbeiten: Emil Weiland, Karlsruhe
Die in diesem Band versammelten Erzählungen sind frühe Arbeiten der Autorin. Die Graphiken sind Offsetlithographien. Die für den Druck erforderlichen Filme wurden von Kirsten Hammerström von Hand gezeichnet.
Die ersten zweihundert Exemplare dieser Ausgabe sind numeriert und von Gabriele Wohmann und Kirsten Hammerström handschriftlich signiert.
Hundert römisch numerierten Exemplaren liegt eine signierte farbige Offsetlithographie von Kirsten Hammerström lose bei.